Die Freigabe von Kreditsicherheiten

# Europäische Hochschulschriften

Publications Universitaires Européennes
European University Studies

**Reihe II**

**Rechtswissenschaft**

Série II Series II
Droit
Law

**Bd./Vol. 1991**

PETER LANG
Frankfurt am Main · Berlin · Bern · New York · Paris · Wien

Thomas Ignatzi

# Die Freigabe von Kreditsicherheiten

## Übersicherung und Freigabeklauseln im Kreditsicherungsvertrag

PETER LANG
Europäischer Verlag der Wissenschaften

Die Deutsche Bibliothek - CIP-Einheitsaufnahme

Ignatzi, Thomas:

Die Freigabe von Kreditsicherheiten : Übersicherung und Freigabeklauseln im Kreditsicherungsvertrag / Thomas Ignatzi. - Frankfurt am Main ; Berlin ; Bern ; New York ; Paris ; Wien : Lang, 1996
(Europäische Hochschulschriften : Reihe 2, Rechtswissenschaft ; Bd. 1991)
Zugl.: Hamburg, Univ., Diss., 1996
ISBN 3-631-30613-X

NE: Europäische Hochschulschriften / 02

D 18
ISSN 0531-7312
ISBN 3-631-30613-X



Printed in Germany 1 2 3 4 6 7

*Meinen Eltern*

**„Banken sind gefährlicher als stehende Armeen.“**

Thomas Jefferson (1743-1826),
Präsident der Vereinigten Staaten
von Amerika

# Vorwort

Die Freigabe von Kreditsicherheiten ist Gegenstand zahlreicher höchstrichterlicher Entscheidungen der letzten Jahre gewesen. Insbesondere die jüngste Entwicklung in der Rechtsprechung zur Übersicherungsproblematik führte zu kontroversen Diskussionen in der Literatur und zu Unsicherheiten in der Kreditwirtschaft. Die oft widersprüchliche Entwicklung der Rechtsprechung zur Übersicherung ist noch nicht beendet. Folglich sind die Banken und Warenkreditgeber permanent damit beschäftigt, ihre Allgemeinen Geschäftsbedingungen stets den neuesten Anforderungen der Rechtsprechung anzupassen. In der vorliegenden Arbeit, welche im Wintersemester 1995/96 von der Rechtswissenschaftlichen Fakultät der Universität Hamburg als Dissertation angenommen wurde, werden die sich aus der Freigabe von Kreditsicherheiten ergebenden Probleme systematisch aufgearbeitet.

Bei der Erstellung dieser Arbeit haben mir die Anregungen und Ratschläge meines verehrten Doktorvaters, Herrn Professor Dr. Carsten P. Claussen, stets weiter geholfen. Ihm gebührt besonderer Dank für Geduld und fördernde Unterstützung, ohne die diese Arbeit nicht mit diesem Erfolg in dieser Zeit durchzuführen gewesen wäre.

Mein Dank gilt auch Herrn Professor Dr. Detlev Joost, der die Arbeit als Zweitgutachter beurteilt hat.

Hamburg, im Mai 1996

*Thomas Ignatzi*

# Inhaltsverzeichnis

# Abkürzungsverzeichnis

| | |
|---|---|
| a.A. | andere Ansicht |
| a.a.O. | am angegebenen Ort |
| Abs. | Absatz |
| AcP | Archiv für die civilistische Praxis |
| a.F. | alte Fassung |
| AG | Amtsgericht |
| AGB | Allgemeine Geschäftsbedingungen |
| AGBG | Gesetz zur Regelung des Rechts der Allgemeinen Geschäftsbedingungen |
| AktG | Aktiengesetz |
| Anh. | Anhang |
| Art. | Artikel |
| AT | Allgemeiner Teil |
| Aufl. | Auflage |
| BB | Betriebs-Berater |
| Bd. | Band |
| BGB | Bürgerliches Gesetzbuch |
| BGH | Bundesgerichtshof |
| BGHZ | Entscheidungen des Bundesgerichts in Zivilsachen |
| BT | Besonderer Teil |
| BVerfGE | Entscheidungen des Bundesverfassungsgerichts |
| bzw. | beziehungsweise |
| d.h. | das heißt |
| DWiR | Deutsche Zeitschrift für Wirtschaftsrecht |
| Einl. | Einleitung |
| EWiR | Entscheidungen zum Wirtschaftsrecht |
| f. | folgende (Seite) |
| ff. | folgende (Seiten) |
| FS | Festschrift |
| gem. | gemäß |
| GG | Grundgesetz |

| | |
|---|---|
| HGB | Handelsgesetzbuch |
| i.d.R. | in der Regel |
| i.d.S. | in diesem Sinne |
| i.S.v. | im Sinne von |
| JuS | Juristische Schulung |
| KO | Konkursordnung |
| Komm. | Kommentar |
| LG | Landgericht |
| MDR | Monatsschrift für deutsches Recht |
| MüKo | Münchener Kommentar zum Bürgerlichen Gesetzbuch |
| m.w.N. | mit weiteren Nachweisen |
| n.F. | neue Fassung |
| NJW | Neue Juristische Wochenschrift |
| NJW-RR | Neue Juristische Wochenschrift - Rechtsprechungs Report |
| Nr. | Nummer |
| OLG | Oberlandesgericht |
| RGZ | Entscheidungen des Reichsgerichts in Zivilsachen |
| Rn. | Randnummer |
| S. | Seite |
| sog. | sogenannte |
| Tz. | Teilzeichen |
| u.a. | unter anderem |
| u.U. | unter Umständen |
| v. | von |
| vgl. | vergleiche |
| Vorb. | Vorbemerkung |
| WM | Wertpapiermitteilungen, Zeitschrift für Wirtschafts- und Bankrecht |
| WuB | Entscheidungssammlung zum Wirtschafts- und Bankrecht |
| z.B. | zum Beispiel |

| | |
|---|---|
| ZBB | Zeitschrift für Bankrecht und Bankwirtschaft |
| ZIP | Zeitschrift für Wirtschaftsrecht und Insolvenzpraxis |

## Einführung

Ein Kreditgeber, sei es ein Kreditinstitut oder ein Eigentumsvorbehaltslieferant, verschafft sich vor Vergabe eines Kredites Gewißheit, ob der Kreditnehmer den Kreditbetrag und die anfallenden Zinsen fristgerecht zurückzahlen kann. Die Kreditwürdigkeitsprüfung erstreckt sich dabei in erster Linie auf die persönliche Bonität des Schuldners. In der Regel reicht die Bonität allerdings nicht für die Vergabe von Krediten aus, so daß die Kreditentscheidung von einer werthaltigen Sicherheitenstellung abhängig gemacht wird.

Der Sicherungsnehmer will bei der Kreditvergabe sein Ausfallrisiko ausschließen und beansprucht daher die Stellung möglichst vieler Sicherheiten, während der Sicherungsgeber möglichst wenige Vermögensgegenstände als Sicherheit hingeben will, um seine wirtschaftliche Bewegungsfreiheit beizubehalten.
Aus diesem Verhältnis zwischen Sicherungsgeber und Sicherungsnehmer resultiert ein typischer Interessenkonflikt, der in vielen Fällen Gegenstand höchstrichterlicher Entscheidungen war und ist.
Es handelt sich dabei um die übermäßige Beschränkung der wirtschaftlichen Bewegungsfreiheit des Sicherungsgebers durch Kredit- und Sicherungsverträge. Dies kann die Unwirksamkeit der Sicherheitenbestellung gem. § 138 BGB oder § 9 AGBG zur Folge haben, soweit der zugrunde liegende Vertrag unter das AGB-Gesetz fällt.
Diese Einschränkung der wirtschaftlichen Bewegungsfreiheit des Sicherungsgebers kann auf eine unangemessene Übersicherung zurückzuführen sein. Eine Übersicherung liegt - kurz gesagt - dann vor, wenn der Wert der Sicherheit die zu sichernde Forderung deutlich übersteigt.
Die bestellten Sicherheiten bleiben bei Übersicherung nur dann wirksam, wenn der Sicherungsnehmer geeignete Vorkehrungen zur Vermeidung einer unangemessenen Übersicherung getroffen hat. Eine rechtlich einwandfreie Regelung zur Übersicherungsvermeidung ist dabei in den Fällen besonders schwierig zu treffen, bei denen die Übersicherung erst im Laufe der Geschäftsbeziehung entstehen kann, weil dafür die zukünftige Sicherheiten- und Forderungsentwicklung Berücksichtigung finden muß.

Der Sicherungsnehmer muß daher den Kreditvertrag, insbesondere die Besicherungsverträge, so abfassen, daß es während der Kreditabwicklung gar nicht erst zu einer unzulässigen Übersicherung kommen kann. Dies geschieht in der Regel mit Hilfe von Freigabeklauseln, an die im Laufe der Zeit die unterschiedlichsten Anforderungen gestellt wurden.

Aufgrund der Tatsache, daß die Übersicherungsproblematik hauptsächlich bei den Geschäften zum Tragen kommt, die die typischen Massengeschäfte der Banken darstellen, hat dieser Bereich eine herausgehobene Stellung im Kreditsicherungsrecht. Es liegt somit auf der Hand, daß der Rechtsprechung des Bundesgerichtshofes eine wissenschaftliche und auch eine erhebliche praktische Bedeutung zukommt.
Der IX. Senat des BGH hat zu Beginn des Jahres 1994 mit zwei grundlegenden Entscheidungen zu diesem Themenkreis Stellung bezogen, mit denen die Rechtsfortschreibung im Übersicherungsrecht beendet zu sein schien. Überraschend hat der XI. Senat des BGH kurze Zeit später diese Rechtsprechung als problematisch bezeichnet und gleichzeitig die bisherige, gefestigte Rechtsprechung des VII., VIII. und des IX. Senats des BGH in Frage gestellt, ohne selbst Position zu beziehen.
Die Aktualität dieses Themas spiegelte sich auch auf dem Bankrechtstag der Bankrechtlichen Vereinigung am 24. Juni 1994 wider, der als Themenschwerpunkt u.a. „Aktuelle Rechtsfragen der Sicherheitenfreigabe" wählte.
Die Diskussion über die Notwendigkeit von Freigabeklauseln in Sicherheitenverträgen ist insbesondere durch einen Beschluß des IX. Senates des BGH vom 2. Februar 1995 neu eröffnet worden.

Aufgabe der folgenden Abhandlung ist es daher, sich mit der einander teilweise widersprechenden Rechtsprechung der verschiedenen Senate des BGH auseinanderzusetzen und einen Beitrag zur Klärung der Rechtslage zu leisten.

# 1. Kapitel
# Übersicherung

## A. Allgemeiner Überblick über rechtliche Probleme bei der Übersicherung

### I. Begriff der Übersicherung

Eine Übersicherung bei Kreditsicherungsverträgen liegt vor, wenn der Wert der Sicherheit den Betrag der zu sichernden Forderung nicht nur vorübergehend weit übersteigt und deshalb zwischen Sicherheit und Forderung kein ausgewogenes, die beiderseitigen berechtigten Interessen berücksichtigendes Verhältnis besteht.[1]
Eine solche Übersicherung kann für den Kreditsicherungsvertrag unterschiedliche Folgen haben. Der Kreditsicherungsvertrag kann wegen Verstoßes gegen die guten Sitten unwirksam sein (§ 138 BGB). Handelt es sich um einen durch Allgemeine Geschäftsbedingungen ausgefüllten Formularvertrag, bei dem die Maßstäbe des AGB-Gesetzes berücksichtigt werden müssen, kann die Unwirksamkeit darüber hinaus aus einem Verstoß gegen die Generalklausel des § 9 AGBG folgen.
Eine Übersicherung kann ursprünglich sein, d.h. bereits bei Vertragsschluß bestehen. Sie entsteht aber i.d.R. nachträglich, also erst im Laufe einer Geschäftsbeziehung. Insbesondere an die nachträgliche Übersicherung sind besonders hohe Anforderungen zu stellen, weil dafür die zukünftige Entwicklung vorhergesehen werden muß.
Es ist daher zunächst erforderlich, zwischen der anfänglichen und der nachträglichen Übersicherung zu unterscheiden.

---

1 BGH WM 1980, 1306; BGH WM 1981, 150, 151; Lambsdorff ZIP 1986, 1524; Serick, Bd. III, § 30 VII 2 b; Pottschmidt/Rohr Rn. 752; Wolf, FS für Baur, S. 147, 165; BGH WM 1994, 419, 420.

## 1. Anfängliche Übersicherung

Eine anfängliche Übersicherung liegt vor, wenn sich der Kreditgeber schon zu Beginn des Kreditverhältnisses Sicherheiten einräumen läßt, die die Kreditforderung wertmäßig in ungerechtfertigtem Maße übersteigen.[2]
Da auch bei Verwendung eines Formularvertrages sich eine anfängliche Übersicherung nur aus dem Mißverhältnis zwischen Kreditforderung und individualvertraglich festgelegten Sicherungsbeständen ergeben kann, richtet sich die anfängliche Übersicherung nur nach § 138 BGB.[3]
Um eine anfängliche Übersicherung zu vermeiden, könnte theoretisch eine Regelung gefunden werden, die eine ursprünglich unzulässige Übersicherung in eine "zulässige" umwandelt. Eine solche Regelung könnte vorsehen, daß Sicherheiten freizugeben sind, sobald die sichernden Vermögenswerte die Kreditforderung um einen bestimmten Prozentsatz überschreiten. Dies erscheint jedoch zumindest in der Praxis zweifelhaft, da gerade die Bereitstellung der Sicherheiten die conditio für die Kreditgewährung war. Ein Abstellen auf das dem Kreditnehmer zustehende Freigabeverlangen würde sich daher als widersprüchliches Verhalten darstellen, da der Kreditnehmer nicht ernsthaft davon ausgehen kann, daß eine Bank sofort nach Auszahlung eines Darlehens die Sicherheiten sogleich wieder freigibt. Dies war ja schließlich gerade erst vereinbart worden.[4]

## 2. Nachträgliche Übersicherung

Auch die nachträgliche Übersicherung kann zur Unwirksamkeit des Sicherungsvertrages führen, und zwar sowohl nach § 138 BGB als auch nach § 9 AGBG.[5]

---

[2] Göbel, S. 25.

[3] Göbel, S. 191.

[4] Vgl. BGHZ 26, 178, 186; vgl. Serick, Bd. III, § 30 VII 2 b ff.; Canaris Rn. 2654.

[5] LG Mönchengladbach WM 1993, 992.

Die nachträgliche Übersicherung ergibt sich erst im Laufe der Kreditbeziehung durch ein Mißverhältnis zwischen dem Sicherheitenwert und der Höhe der Kreditforderung.[6]
Eine nachträgliche Übersicherung tritt insbesondere dann ein, wenn die gesicherte Forderung durch regelmäßig wiederkehrende Tilgungsraten abnimmt, während der Kreditgeber bis zur Rückübertragung der Sicherheit voll über diese verfügen kann.
Zu einer nachträglichen Übersicherung kann es auch durch ein späteres Anwachsen der Sicherheit kommen. Das ist z.B. dann der Fall, wenn bei einem Warenlager mit wechselndem Bestand eine besonders werthaltige Sache in das sicherungsübereignete Warenlager eingestellt wird oder wenn bei einer Globalzession eine ungewöhnlich hohe Forderung abgetreten wird. Beim verlängerten und erweiterten Eigentumsvorbehalt kann das der Fall sein, wenn die Forderung auf den Verkaufserlös der Vorbehaltsware den Wert der vom Sicherungsgeber geleisteten Arbeit - nämlich seinen Gewinnanteil - mit umfaßt. So können dem Sicherungsnehmer nachträglich Sicherheiten zuwachsen, die wertvoller sind, als zunächst veranschlagt worden und zur Kreditsicherung erforderlich ist.[7]

## II. Gefahr der Sittenwidrigkeit, § 138 Abs. 1 BGB

Liegt eine Übersicherung vor, so kann sowohl die Verpflichtung zur Bestellung der Sicherheit als auch der Sicherungsvertrag nach § 138 BGB sittenwidrig und deshalb nichtig sein.
§ 138 Abs. 1 BGB setzt objektiv eine Schädigung des Vertragspartners oder eines Dritten und subjektiv eine verwerfliche Gesinnung des Schädigers voraus. Hierbei genügt jedoch ein fahrlässiges Verhalten der beiden Parteien. Demnach müssen die Parteien nicht bewußt sittenwidrig gehandelt haben. Es reicht vielmehr schon ein rechtsgeschäftliches Handeln, obwohl

---

6 Ganter ZIP 1994, 257.

7 Ganter ZIP 1994, 257.

die Parteien die maßgebenden Tatsachen des objektiven Tatbestandes gekannt haben oder Unkenntnis darüber vorgeworfen werden muß.[8]

Die sich in diesem Zusammenhang ergebende Rechtsunsicherheit ist dabei nicht unbeträchtlich. Gerade der besonders vorsichtige Gläubiger muß bei übertriebener Sicherheitenstellung mit einer Übersicherung rechnen, die bis zu einem Verlust der Sicherheiten führen kann. Die maßgebliche Frage, wie hoch nun eine Sicherheitenmarge sein darf, hängt bei § 138 BGB letztlich vom Einzelfall ab.[9]
Zwar sind fest umrissene Tatbestände, die zu einer Sittenwidrigkeit führen, nicht gesetzlich festgelegt, doch haben sich anhand der Rechtsprechung einige Anhaltspunkte herauskristallisiert, die mit der Übersicherung im engen Zusammenhang stehen.
Die Rechtsprechung bestimmt den wertungsausfüllungsbedürftigen Begriff im Ausgangspunkt nach dem „Rechts- und Anstandsgefühl aller billig und gerecht Denkenden."[10] Diese inhaltlich wenig präzise Formel wird ergänzt, indem die Grundsätze der herrschenden Rechts- und Sozialmoral herangezogen werden, wobei ein durchschnittlicher Maßstab angelegt wird.[11]
Eine typische Fallgruppe des § 138 BGB stellt bei der Frage der Sittenwidrigkeit von Sicherungsverträgen die sogenannte Knebelung dar.

## 1. Knebelung

Der Tatbestand der Knebelung liegt vor, wenn der Sicherungsgeber durch die in Anspruch genommenen Sicherheiten in sittlich verwerflicher Weise in seiner wirtschaftlichen Bewegungsfreiheit stark eingeschränkt wurde.[12]
Die Hingabe von Sicherheiten darf den Sicherungsgeber daher nicht in eine seine Leistungsfähigkeit bedrohende Abhängigkeit geraten lassen.[13]

---

8 Serick, Bd. III, § 30 I 2.

9 Palandt-Heinrichs § 138 Rn. 16; BGH WM 1965, 84.

10 RGZ 80, 221; BGHZ 10, 232; BGHZ 52, 20; BGHZ 69, 297.

11 Larenz AT § 22 III a; Palandt-Heinrichs § 138 Rn. 2 m.w.N.

12 Bülow Rn. 801.

Da grundsätzlich die Übertragung des gesamten Vermögens rechtlich zulässig ist (Rechtsfolgen in § 419 BGB), kommt es zunächst auf die Entscheidungsfreiheit des Sicherungsgebers und erst dann auf den Vergleich zwischen Kredithöhe und Sicherheitenhöhe an.[14]
Die Knebelung ist jedoch von dem Fall der Übersicherung zu unterscheiden. Eine Übersicherung kann ein Element der Knebelung darstellen, ist es aber in aller Regel nicht. Vielmehr kann eine Knebelung auch ohne Übersicherung vorliegen und umgekehrt. So ist eine Übersicherung auch denkbar, wenn der Sicherungsgeber mit den zur Sicherheit übereigneten Gegenständen im Rahmen einer ordnungsgemäßen Wirtschaft verfahren darf oder wenn ihm zusätzlich noch ausreichend freie, als Kreditsicherheiten geeignete Mittel, zur Verfügung stehen.[15] Eine ausreichende Freigaberegelung läßt aber den Vorwurf der Übersicherung entfallen.[16]

Bestehen jedoch Klauseln, die den Sicherungsgeber lähmen, so daß er in seiner wirtschaftlichen Bewegungsfreiheit im ganzen oder zumindest übermäßig hart beschränkt ist, so hat dies gem. §§ 138 BGB, 9 AGBG die Unwirksamkeit des Vertrages zur Folge.[17]
Maßgebend für die Beurteilung dieser Frage ist, inwieweit der Sicherungsnehmer über die jeweiligen Sicherungsmittel verfügen darf, welche dem Sicherungsgeber gerade zur ungehinderten Fortführung seiner betriebswirtschaftlichen Tätigkeit dienen.

Der Sicherungsgeber verliert zunächst durch die Sicherungsübertragung seine Position als Berechtigter an den Sicherungsnehmer.
Damit er jedoch über das Sicherungsgut weiterhin verfügen kann, erteilt der berechtigte Sicherungsnehmer dem nichtberechtigten Sicherungsgeber regelmäßig die Einwilligung zur Verfügung gem. § 185 Abs. 1 BGB, so daß

---

13 BGH WM 1955, 914; BGH WM 1965, 84.

14 Bülow Rn. 801; Lwowski/Gößmann, S. 42.

15 Ganter ZIP 1994, 257, 263.

16 Palandt-Heinrichs § 138 Rn. 97; Scholz/Lwowski Rn. 158 ff.

17 Vgl. Serick, Bd. III, § 30 VII 1; v. Hoyingen-Huene Rn. 234 a ff.

er die Rechtsmacht hat, jede ordnungsgemäße Verfügung und Veräußerung im Rechtsverkehr vornehmen zu können.[18]
Der Sicherungsvertrag muß daher Vereinbarungen enthalten, die die freie Verfügungsbefugnis des Sicherungsnehmers einschränken und die wirtschaftliche Bewegungsfreiheit des Sicherungsgebers gewährleisten. Auf der anderen Seite besteht Regelungsbedarf, in welchen Fällen der Sicherungsnehmer seine Verfügungsbefugnis voll ausschöpfen darf.
Von entscheidender Bedeutung ist daher, welche Voraussetzungen notwendig sind, damit der Sicherungsnehmer seine erteilte Einwilligung gegenüber dem Sicherungsgeber widerrufen kann, ohne gleichzeitig den Tatbestand der Knebelung zu erfüllen. Maßgebend ist dabei eine Abwägung der Interessen zwischen dem Sicherungsgeber und dem Sicherungsnehmer.[19]

Für den Sicherungsnehmer stellt sich in diesem Zusammenhang zusätzlich die Frage, wie er steht, wenn der Sicherungsvertrag anderweitig verletzt wird. Diese Frage ist bisher noch nicht entschieden worden. In Fortführung der Denkrichtung des BGH[20] wird ein Widerruf der Einwilligung zumindest in den Fällen als gerecht erscheinen, bei denen es zu schwerwiegenden Verstößen gegen die essentialia negotii des Vertrages kommt.[21]
Inwieweit leichtere Vertragsverletzungen im Hinblick auf die Widerrufsmöglichkeit zu beurteilen sind, ist zweifelhaft. Dabei muß sicherlich danach unterschieden werden, ob es sich um einmalige Verstöße handelt oder um fortgesetzte Verletzungen des Vertrages. Maßgeblich für die Beurteilung ist jedoch immer, ob die Vertragserfüllung ernstlich gefährdet ist.[22] Das ist i.d.R. der Fall, wenn der Wert des Sicherungsgutes gefährdet und dadurch die Deckung des Kredites gefährdet wird. Hierbei ist z.B. an den Verkauf des Sicherungsgutes durch den nichtberechtigten Sicherungsgeber unter

---

18 BGHZ 10, 17.

19 Ausführliche Urteile, in denen eine Knebelung bejaht wurde, sind zu finden in: BGHZ 19, 12; BGH NJW 1952, 1169; BGH NJW 1987, 487; BGH NJW-RR 1988, 1012; OLG Köln ZIP 1985, 1472.

20 BGHZ 26, 185.

21 Serick, Bd. III, § 30 VII 2 f.

22 OLG Frankfurt NJW 1959, 1088.

Wert oder einen veruntreuenden Einzug von abgetretenen Forderungen zu denken.

Sind die Voraussetzungen für einen Widerruf gegeben, so kann die Einwilligung aber nicht sofort entzogen werden. Um dem Vorwurf einer Knebelung zu entgehen, muß dem Widerruf vielmehr eine Frist vorgeschaltet werden, innerhalb derer sich der Sicherungsgeber wieder entsprechend der vertraglich fixierten Absprachen verhalten kann.

## 2. Verleitung zum Vertragsbruch

Eine weitere typische Fallkonstellation, die bei der Sittenwidrigkeit zu berücksichtigen ist, ist der Tatbestand der Verleitung zum Vertragsbruch. Dieser Tatbestand ist gesetzlich nicht geregelt, sondern wird je nach Lage des Einzelfalles unter § 138 BGB subsumiert.
Die Verleitung zum Vertragsbruch ist durch das klassische Problem der Kollision von verlängertem Eigentumsvorbehalt mit einer Globalzession bekannt. Die diskutierte[23] Frage lautet, ob dem Geld- oder aber dem Warenkreditgeber der Vorzug einzuräumen ist.
Da nach dem Prioritätsgrundsatz das Sicherungsinteresse des Warenkreditgebers regelmäßig unberücksichtigt bliebe, hat sich der BGH[24] nach inzwischen gefestigter Rechtsprechung nunmehr zugunsten des Warenkreditgebers und gegen den Prioritätsgrundsatz ausgesprochen. Dabei hat der BGH die Globalzession regelmäßig auf ihre Vereinbarkeit mit § 138 BGB überprüft. Die Sittenwidrigkeit ergibt sich neben der Knebelung und der Übersicherung auch und gerade aus der Verleitung zum Vertragsbruch. Das ist der Fall, wenn die Globalzession nach dem Willen der Vertragspartner auch solche Forderungen umfassen soll, die der Kreditnehmer üblicherweise seinem Lieferanten wegen des

---

23 Beuthien BB 1971, 375; Flume NJW 1950, 841, 847; Medicus Rn. 525 ff.; Serick, Bd. III, § 30 III 2.

24 BGHZ 30, 149; BGHZ 32, 361; BGHZ 55, 34; BGH NJW 1968, 1516; BGH NJW 1969, 318; BGH NJW 1974, 942.

Eigentumsvorbehalts abtreten muß. In diesen Fällen, so der BGH[25], verleite die kreditgebende Bank den Kreditnehmer zum Vertragsbruch gegenüber dem Lieferanten. Dieser Vorwurf wird in der Bankpraxis inzwischen durch die Aufnahme sog. dinglicher Verzichtsklauseln in die Globalzessionsverträge ausgeräumt.[26]

Diese am Beispiel der Kollision zwischen Globalzession und verlängertem Eigentumsvorbehalt dargestellte Figur des sittenwidrigen Vertragsbruches läßt sich auch auf die allgemeine Problematik der Übersicherung übertragen. Ein Geld- oder Warenkreditgeber, der sich vom Kreditnehmer so viele Sicherheiten stellen läßt, daß ein ausgewogenes Verhältnis zwischen Forderung und Sicherheit nicht mehr vorliegt, kann den Kreditnehmer zum Vertragsbruch verleiten. Ebenso wie bei der oben geschilderten Problematik steht der Kreditnehmer auch in diesem Fall vor dem Konflikt eines benötigten Kredites einerseits, und dem Mangel an Sicherheiten andererseits. Die mithin vorliegende Übersicherung sperrt freie Sicherheiten, die zur Kreditaufnahme bei Dritten zwingende Voraussetzung wären. Um den Geschäftsbetrieb jedoch unter Umständen aufrecht erhalten zu können, liegt die Versuchung der unzulässigen Mehrfachabtretung von Forderungen bzw. der Verkauf von Forderungen nach einer bereits geschehenen Abtretung nahe. Dies stellt dann seitens des Sicherungsgebers die Vollendung des Vertragsbruches dar, zu dem der erste Sicherungsnehmer den Sicherungsgeber durch das bloße Geschehenlassen verleitet hat. In einem anderen Zusammenhang sprach der BGH vom Vorschubleisten zur Kredittäuschung und stellte gleichfalls die Sittenwidrigkeit heraus.[27]

---

25 BGH a.a.O.

26 Palandt-Heinrichs § 398 Rn. 25.

27 BGH WM 1977, 480; BGH WM 1986, 1545; BGH WM 1990, 1326; BGH WM 1991, 276.

## 3. Rechtsfolgen des Sittenverstoßes auf die Sicherungsverträge

Ein Verstoß gegen die guten Sitten führt zur Nichtigkeit des Rechtsgeschäfts.
Werden bei einem Rechtsgeschäft die Grenzen des nach § 138 Abs. 1 BGB Erlaubten überschritten,[28] so ergreift die Nichtigkeit grundsätzlich das ganze Rechtsgeschäft.[29]
Ist das Rechtsgeschäft nur teilweise sittenwidrig, tritt gem. § 139 BGB i.d.R. Gesamtnichtigkeit ein. Nach § 139 2. Halbsatz BGB bestehen jedoch gegen das Zustandekommen des Restvertrages keine Bedenken, wenn der Vertrag auch ohne den nichtigen Teil vorgenommen sein würde.[30]
Verfügungsgeschäfte werden von der Sittenwidrigkeit zugrunde liegender Verpflichtungsgeschäfte grundsätzlich nicht berührt.[31] Dies ergibt sich aus dem Abstraktionsprinzip und der im Regelfall bestehenden „Wertneutralität" der Verfügung.
Insofern können Mängel im schuldrechtlichen Geschäft dem dinglichen Geschäft nicht entgegengehalten werden. Dieser abstrakte Charakter des dinglichen Geschäftes dient der Sicherheit des Rechtsverkehrs. Dennoch muß die Situation unbefriedigend erscheinen, wenn aufgrund eines ungültigen Grundgeschäfts die nachfolgende Verfügung Gültigkeit behält. Maßgebend sind daher die Vorschriften über die ungerechtfertigte Bereicherung (§§ 812 ff. BGB), nach denen das aufgrund des nichtigen Verpflichtungsvertrages Geleistete zurückverlangt werden kann. Diese Vorschriften stellen somit „das notwendige Korrelat zu der Institution des abstrakten Verfügungsgeschäftes" dar.[32]

---

28 Siehe hierzu die Ausführungen zur anfänglichen Übersicherung, 1. Kapitel, A.I.1.

29 Palandt-Heinrichs § 138 Rn. 19.

30 BGH NJW 1979, 1606; vgl. BGH NJW 1974, 2089; vgl. BGH NJW 1987, 2015.

31 RGZ 109, 202; BGH NJW 1973, 615; BGH NJW 1985, 3007; BGH NJW 1990, 384.

32 Flume § 12 I 2.

Von dem dargestellten Grundsatz gibt es jedoch auch Ausnahmen, wenn der Sittenverstoß gerade in dem Erfüllungsgeschäft zu sehen ist.
Die Situation ist nämlich dann anders, wenn die Sittenwidrigkeit des Grundgeschäftes sich daraus ergibt, daß entweder Dritte geschädigt werden oder die eine Vertragspartei von der anderen sittenwidrig ausgenutzt wird. In solchen Fällen muß sich der Schutz gerade auf den geschädigten Dritten bzw. den anderen Vertragspartner erstrecken, da durch das Verfügungsgeschäft erst die Schädigung herbeigeführt oder vollendet wird. Hier muß sich die Nichtigkeit auch auf das Verfügungsgeschäft erstrecken.
Auf einen Knebelungsvertrag übertragen bedeutet dies:
Hat sich ein Sicherungsnehmer in einem Sicherungsvertrag vom Sicherungsgeber so viele Sicherheiten übertragen lassen, daß dieser nicht mehr in der Lage ist, andere Gläubiger zu befriedigen, so bewahrt sich der Sicherungsgeber nur dann seine wirtschaftliche Freiheit, wenn die Übertragung der Sicherungsmittel selbst auch nichtig ist.[33]

Bei Sicherungsverträgen ergibt sich eine besondere Beziehung zwischen Kausal- und Verfügungsgeschäft aus der Sicherungsvereinbarung und der darin enthaltenen Zweckbestimmungserklärung. Danach gehören das Grundgeschäft und das dingliche Verfügungsgeschäft wirtschaftlich stets zueinander. Folglich realisiert sich eine in dem Verpflichtungsgeschäft angelegte Gefahr erst im nachfolgenden Verfügungsgeschäft. Dem trägt die Rechtsprechung Rechnung, indem ohne Differenzierung zwischen Verpflichtungs- und Verfügungsgeschäft, die Globalzession[34] und die Lohn- und Gehaltsabtretung[35] in einigen Fällen im ganzen als sittenwidrig beurteilt werden.

---

33 RGZ 109, 202; BGH NJW 1973, 615.

34 BGH WM 1990, 1326; BGH WM 1991, 276.

35 BGH WM 1989, 1086.

## III. Gefahr der unangemessenen Benachteiligung, § 9 Abs. 1 AGBG

Seit Inkrafttreten des AGB-Gesetzes am 1. April 1977 gilt für formularmäßig vereinbarte Kreditsicherungsverträge zusätzlich und *vorrangig* der strengere Rechtmäßigkeitsmaßstab des § 9 Abs. 1 AGBG. Hiernach wird der Sicherungsgeber durch eine Übersicherung unangemessen benachteiligt, wenn die Übersicherung einen vernünftigen, die schutzwürdigen Belange beider Vertragspartner angemessen berücksichtigenden Interessenausgleich verhindert und damit dem das Bürgerliche Recht beherrschenden Leitbild der Vertragsparität zuwiderläuft, ohne daß hierfür ein anzuerkennendes Bedürfnis besteht.[36]

Der Maßstab des § 9 Abs. 1 AGBG ist gegenüber dem des § 138 Abs. 1 BGB strenger. So können Klauseln, die für sich noch nicht sittenwidrig sind, wegen Verstoßes gegen § 9 Abs. 1 AGBG unwirksam sein. Dagegen sind Klauseln, die sich als sittenwidrig darstellen, i.d.R. auch als unangemessene Benachteiligung i.S.d. § 9 Abs. 1 AGBG anzusehen.
Anders als bei der Sittenwidrigkeit gem. § 138 BGB spielt die Betrachtung des Einzelfalles bei der Generalklausel des § 9 AGBG keine Rolle.[37]

### 1. Anwendbarkeit von Allgemeinen Geschäftsbedingungen

Das Massengeschäft, d.h. Produktion und Dienstleistungen, hat dazu geführt, daß die nach dem Modell des BGB individuell ausgehandelten Verträge weitgehend durch standardisierte Verträge ersetzt wurden. Die sich daraus ergebende Vereinfachung des Rechtsverkehrs birgt jedoch die Gefahr der Benachteiligung des wirtschaftlich schwächeren Vertragspartners. Hier setzt das AGB-Gesetz an, indem es die Vertragsgerechtigkeit gewährleisten will.

---

36 BGHZ 109, 240, 246; BGHZ 117, 374, 379; Ulmer/Brandner/Hensen Anh. §§ 9-11 Rn. 658; Kohte ZIP 1988, 1225, 1236.

37 Ganter ZIP 1994, 257, 258; v. Hoyingen-Huene Rn. 30.

Besonders das Kreditgewerbe ist durch die Wirkungen des AGB-Gesetzes betroffen. Das Massengeschäft der Banken zwingt zur Verwendung einer Vielzahl von Formularen.[38]
Deutlich wird die Fülle des Massengeschäfts, wenn man sich vor Augen führt, daß bei einer deutschen Großbank täglich ca. 2 Millionen Zahlungsverkehrsvorgänge anfallen.

Zu den erfaßten Klauselwerken gehören selbstverständlich auch die AGB-Banken, die im Kreditgeschäft besonders hilfreich sind. In der Praxis werden nämlich eine Vielzahl von Sicherungsmitteln verwendet, die nicht vom Gesetzgeber vorgegeben waren, sondern sich aus dem praktischen Geschäft heraus entwickelt haben. Das in der Praxis am häufigsten genutzte Sicherungsmittel ist die nicht gesetzlich geregelte Sicherungsübereignung.
In Fällen nicht gesetzlich geregelter Sicherungsmittel konnte der AGB-Verwender seine Interessen verklauselieren und so die optimale Kreditsicherung finden, ohne Individualabreden zu befürchten. Gerade hier mußte ein wirksames Regulativ gefunden werden, das unbillige Klauseln in Sicherungsverträgen verhindert und für eine Parität zwischen Kreditnehmer und Kreditgeber sorgt. Die traditionell schwächere Position des Kreditnehmers mußte gestärkt werden und gleichzeitig die Position des Kreditgebers gewahrt bleiben, indem bei ihm für ausreichende Deckung gesorgt wird.

Die Allgemeinen Geschäftsbedingungen der Kreditinstitute wurden dabei von der Rechtsprechung schon immer besonders kritisch betrachtet. Gerade gegenüber Kreditinstituten besteht nämlich der Verdacht, sich im Geschäft mit den hohen Geldbeträgen durch geschickt formulierte Formularverträge schadlos halten zu wollen, indem Fehler automatisch durch die Allgemeinen Geschäftsbedingungen dem Bankkunden auferlegt werden. Diese Einsicht wurde durch die Rechtsprechung gefördert[39] und führte zu hohen Anforderungen an die Allgemeinen Geschäftsbedingungen der Banken und deren Formularen. Da das Bankrecht weitgehend frei ist von gesetzlichen Regeln, kristallisierte sich auf diesem Gebiet ein Richterrecht heraus, was zu einer

---

[38] Eine Geschäftsbank verwendet über 5000 verschiedene Formulare.

[39] Sonnenhol WM 1993, 677.

intensiven Beschneidung des tragenden Prinzips der Privatautonomie führte.
Im AGB-Gesetz haben sich mit Rücksicht auf das Massengeschäft der Banken einige banktechnische Besonderheiten niedergeschlagen. Gemäß § 2 Abs. 2 AGBG können die Vertragsparteien die Geltung von Allgemeinen Geschäftsbedingungen im voraus vereinbaren. Dies stellt die Möglichkeit einer Rahmenvereinbarung bei der Eröffnung eines Bankkontos dar.[40] Das hat zur Folge, daß die AGB-Banken bei der Eröffnung eines Kontos durch den Abschluß eines Girovertrages i.d.R. auch für die anderen typischen Bankgeschäfte ihre Gültigkeit haben.[41] Gemeint sind spätere Geschäfte wie z.B. Spar-, Wertpapier-, Inkasso- und Diskontgeschäfte. Dabei entfällt dann der ausdrückliche Hinweis auf die Gültigkeit der AGB-Banken.[42]

## 2. Voraussetzungen für eine Inhaltskontrolle i.S.d. AGB-Gesetzes

Wie bereits erläutert, wird das Bankgeschäft im allgemeinen und das Kreditgeschäft im besonderen von vorformulierten Formularen und den AGB-Banken geprägt.
Es spielt für die Inhaltskontrolle nach dem AGB-Gesetz keine Rolle, ob die AGB-Banken Bestandteil eines Vertrages selbst sind oder ob die AGB-Banken gesondert, d.h. äußerlich getrennt, mit in den Vertrag einbezogen werden.
Die Allgemeinen Geschäftsbedingungen unterliegen der uneingeschränkten Kontrolle durch das AGB-Gesetz auch dann, wenn die Kreditinstitute die Allgemeinen Geschäftsbedingungen von ihren Dachverbänden[43]

---

40 BT-Drucksache 7/3919, S. 18.

41 Canaris Rn. 2496.

42 AG Hamburg WM 1982, 1319.

43 Zum Beispiel von dem Bundesverband der deutschen Banken.

übernommen haben oder diese sogar behördlich[44] genehmigt worden sind. Im folgenden werden nun die im Zusammenhang mit dem AGB-Gesetz wichtigsten Rechtsfragen erörtert, die regelmäßig bei Sicherungsverträgen und Kreditübersicherungen wiederkehren.

## a) Anwendbarkeit des AGB-Gesetzes

Von grundlegender Bedeutung für die Anwendbarkeit des AGB-Gesetzes ist der in § 1 AGBG definierte Begriff der AGB.
Als Allgemeine Geschäftsbedingungen werden dort für eine Vielzahl von Verträgen vorformulierte Vertragsbedingungen bezeichnet, die eine Partei - hier regelmäßig ein Kreditinstitut als Verwender - der anderen bei Vertragsabschluß stellt.
Von einer Vielzahl von Verträgen spricht man schon dann, wenn die geplante Verwendung bei mindestens drei Verträgen liegt. Jedoch unterliegt schon die erstmalige Verwendung dem AGB-Gesetz, auch wenn die Vertragsbedingungen später nicht mehr verwendet werden.[45]
Damit fallen die AGB-Banken und sämtliche Formularverträge genauso unter das AGB-Gesetz, wie die Sonderbedingungen der einzelnen Geschäftsbereiche der Banken.[46]

Gemäß § 1 Abs. 1 AGBG unterliegen ausschließlich vorformulierte Klauseln dem AGB-Gesetz. Umgekehrt bedeutet dies, daß einzelvertraglich formulierte und ausgehandelte Vertragsbestandteile eben nicht dem AGB-Gesetz unterworfen sind.[47]
Problematisch ist daher, wie nachträglich ergänzte Formulare zu beurteilen sind. Denkbar wäre eine nachträgliche Ergänzung z.B. bei der Darlehenshöhe, der Darlehensdauer und bei Art und Höhe der Verzinsung. Oder - was

---

44 Man könnte an das Bundesaufsichtsamt für das Kreditwesen oder das Bundeskartellamt denken.

45 Palandt-Heinrichs § 1 AGBG Rn. 6 m.w.N.

46 Hierzu zählen u.a. die gesonderten Bedingungen für Wertpapiertermingeschäfte, eurocheque-Karten, Anderkonten und die Vermietung von Bankschließfächern.

47 BGH WM 1992, 50, 51; Wolf, FS für Baur, S. 147, 150; Ulmer/Brandner/Hensen § 1 Rn. 55 f.

für die vorliegende Untersuchung maßgebend ist - Ergänzungen im Sicherungsvertrag hinsichtlich des Umfangs der zur Sicherheit übereigneten Sachen bzw. abgetretenen Forderungen.
Liegt jedoch einer Ergänzung ein individuelles Aushandeln zugrunde, so ist die entsprechende Klausel eine sogenannte Individualvereinbarung und im Gegensatz zum Rest der Vereinbarung nicht AGB-rechtlich überprüfbar.[48]
Entsteht nun in einem Sicherungsvertrag eine Übersicherung dadurch, daß die Höhe der Sicherheit individualvertraglich eingefügt wird, so liegt eine Individualvereinbarung vor. Eine solche Klausel ist dann nicht als Allgemeine Geschäftsbedingung zu klassifizieren, mit der Folge, daß eine Inhaltskontrolle nach § 9 AGBG entfällt. Als Maßstab der Rechtmäßigkeit stehen dann nur die Vorschriften des BGB zur Verfügung, insbesondere die Vorschrift des § 138 BGB.

## b) Einbeziehung der Allgemeinen Geschäftsbedingungen in den Vertrag, § 2 AGBG

Da die Allgemeinen Geschäftsbedingungen keine Rechtsnormen sind, müssen sie rechtsgeschäftlich in den Vertrag mit einbezogen werden. Die Voraussetzungen für die Einbeziehung regelt § 2 AGBG. Sie gelten ausschließlich für den nichtkaufmännischen Verkehr. Auf den kaufmännischen Verkehr und die Verwendung gegenüber juristischen Personen des öffentlichen Rechts findet § 2 AGBG keine Anwendung; § 24 AGBG stellt insofern eine Sondernorm dar. Weitere Sonderregeln finden sich in § 23 AGBG. Außerhalb des nichtkaufmännischen Verkehrs gelten für die Einbeziehung der Allgemeinen Geschäftsbedingungen die weniger strengen Regeln der §§ 145 ff. BGB.

Nach § 2 AGBG muß der Verwender den Vertragspartner bei Vertragsschluß ausdrücklich auf die Allgemeinen Geschäftsbedingungen hinweisen (§ 2 Abs. 1 Nr. 1 AGBG) und ihm die Möglichkeit verschaffen, vom Inhalt in zumutbarer Weise Kenntnis zu nehmen (§ 2 Abs. 1 Nr. 2 AGBG). Dabei reicht regelmäßig ein deutlicher Aushang. In der Bankenpraxis findet sich

---

48 BGH WM 1984, 1174; Ulmer/Brandner/Hensen § 1 Rn. 55 f.

ein Hinweis auf die Allgemeinen Geschäftsbedingungen schon im Kontoeröffnungsantrag.
Weiter setzt § 2 Abs. 1 2. Halbsatz AGBG voraus, daß der Vertragspartner mit der Geltung der Allgemeinen Geschäftsbedingungen einverstanden ist. Schon der fehlende Widerspruch des Bankkunden stellt nach allgemeiner Auffassung eine Einverständniserklärung dar.[49]

Bei Krediten kann sich die Konstellation ergeben, daß Kreditnehmer und Sicherungsgeber nicht personengleich sind. Hier bedarf es einer besonderen Prüfung, ob die Allgemeinen Geschäftsbedingungen wirksam in den Sicherungsvertrag mit dem Nichtkunden und gleichzeitigen Sicherungsgeber miteinbezogen sind.
Die Sicherungsverträge enthalten aus diesem Grunde einen ausdrücklichen Hinweis, daß die Allgemeinen Geschäftsbedingungen des Kreditinstituts ergänzend gelten sollen.[50]

### c) Überraschende Klauseln, § 3 AGBG

Eine solche Klausel liegt vor, wenn der Überraschungscharakter einer Klausel so groß ist, daß von einem Überrumpelungseffekt gesprochen werden kann.[51] Das ist nach herrschender Meinung der Fall, wenn eine Bestimmung so ungewöhnlich ist, daß sie von den Erwartungen des Vertragspartners deutlich abweicht und er in dem speziellen Vertrag redlicherweise nicht mit einer solchen Klausel rechnen mußte.[52]
Eine überraschende Klausel wird nicht Vertragsinhalt. Das unterscheidet sie von Klauseln, die anhand von § 9 AGBG geprüft werden. Diese ungewöhnlichen Klauseln müssen sich nämlich einer Inhaltskontrolle unterziehen (§ 9 AGBG). Ist daher eine Klausel schon an § 3 AGBG gescheitert, so wird sie

---

49 Bruchner/Bunte, S. 15.

50 Vgl. Ashölter, S. 30 ff.

51 MüKo-Kötz § 3 AGBG Rn. 8.

52 Ulmer/Brandner/Hensen § 3 Rn. 7 ff.; MüKo-Kötz § 3 AGBG Rn. 4; BGH NJW 1979, 212; BGH NJW 1977, 196; BGHZ 84, 109, 112; BGH NJW 1988, 560.

nicht Bestandteil des Vertrages, und kann daher inhaltlich auch nicht mehr überprüft werden.
Ob nun eine Klausel als überraschend gilt, hängt von den individuellen Erwartungen des Vertragspartners und von den besonderen Umständen des Einzelfalles ab.[53]
Das Überraschungsmoment kann daher schon durch besondere Aufklärung des Vertragspartners oder deutliche Kennzeichnung im Formular[54] vermieden werden.

Auch im Kreditsicherungsrecht sind überraschende Klauseln durchaus denkbar. Die Formulargestaltung hat sich jedoch in bezug auf sogenannte „überrumpelnde Sicherungsklauseln" der strengen Rechtsprechung angepaßt.
Klassischer Fall einer überraschenden Klausel in Sicherungsverträgen ist der, bei dem vom Leitbild des jeweiligen Vertrages durch Hinzuziehung weiterer, ungewöhnlicher Hauptpflichten abgewichen wird.[55] Das ist z.B. gegeben, wenn die Abtretung einer Forderung einen Passus enthält, nach der die Sache, aus deren Verkauf die Forderung stammt, gleichzeitig sicherungsübereignet wird.[56]

Das Problem der Übersicherung läßt sich dagegen nicht über § 3 AGBG lösen, so daß eine Übersicherung in aller Regel anhand der Angemessenheitsklausel des § 9 AGBG zu messen ist.

### d) Inhaltskontrolle aufgrund der Generalklausel des § 9 AGBG

Die Überprüfung von Allgemeinen Geschäftsbedingungen und Formularverträgen erfolgt in erster Linie anhand der §§ 9 bis 11 AGBG.

---

53 Ulmer/Brandner/Hensen § 3 Rn. 22; Löwe/v. Westphalen/Trinkner § 3 Rn. 10 ff.

54 Sogenanntes drucktechnisches Hervorheben.

55 Ulmer/Brandner/Hensen § 3 Rn. 26; Sonnenschein NJW 1980, 1489, 1493.

56 Scholz/Lwowski, 6. Aufl., Rn. 130.

Da die Sicherheitenproblematik und speziell das Problem der Übersicherung in den §§ 10 und 11 AGBG keine Berücksichtigung findet, bleibt für die Inhaltskontrolle von Kreditsicherungsverträgen nur die Generalklausel des § 9 AGBG übrig.
Nach § 9 Abs. 1 AGBG sind Bestimmungen unwirksam, wenn sie den Vertragspartner entgegen den Geboten von Treu und Glauben unangemessen benachteiligen. Dieser Wortlaut unterstreicht, daß sich § 9 Abs. 1 AGBG als lex specialis zu § 242 BGB versteht.[57]

Eine Benachteiligung liegt vor, wenn die Interessen des Vertragspartners gegenüber denen des Verwenders so zurückgedrängt werden, daß kein vollständiger Interessenausgleich stattfindet.[58] Unangemessen ist die Benachteiligung dann, wenn der Verwender der Klausel nur seine eigenen Interessen verfolgt und dabei keinerlei Rücksicht auf den Vertragspartner nimmt.[59] Dies setzt eine umfassende Abwägung der Parteiinteressen voraus.[60]
Jede unbequeme oder nachteilige Gestaltung des Vertrages kann jedoch nicht sofort als unangemessen qualifiziert werden. Vielmehr muß die Benachteiligung von einigem Gewicht sein.[61]

Bei der Abwägung der Interessen können nur solche Interessen berücksichtigt werden, die auch rechtlich anerkannt sind. Des weiteren verlangt schon der Status als Auffangtatbestand und Generalklausel, daß es sich um allgemeine oder zumindest um verallgemeinerungsfähige Interessen handeln muß. Im Kreditsicherungsrecht sind die unterschiedlichen Parteiinteressen recht deutlich voneinander abgrenzbar. Dem Sicherungsgeber geht es um die Beibehaltung seiner größtmöglichen wirtschaftlichen Bewegungsfreiheit. Das geht mit der Fähigkeit einher, für andere Gläubiger noch über ausreichende Sicherungsmittel zu verfügen.

---

57 Ulmer/Brandner/Hensen § 9 Rn. 34.

58 BGH NJW 1980, 2519.

59 BGHZ 89, 211 m.w.N.

60 BGHZ 78, 309.

61 Palandt-Heinrichs § 9 AGBG Rn. 7.

Die Interessen des Verwenders - i.d.R. ein Kreditinstitut - sind hingegen anders geartet. Grundsätzlich möchte der Sicherungsnehmer, daß ihm ausreichende Sicherheiten für den Fall eingeräumt werden, wenn der gewährte Kredit nicht mehr zurückgezahlt werden kann. Darüber hinaus muß der Sicherungsnehmer noch ein Auge auf eine mögliche Zwangsverwertung der Sicherheit und den damit eventuell verbundenen Wertverlust haben. Unter Umständen verlangt auch das Gesetz bei der Herausgabe eines Kredites die Unterlegung mit „harten" Sicherheiten, wenn es an einer Offenlegung der wirtschaftlichen Verhältnisse des Kreditnehmers mangelt (§ 18 KWG).
Trotz widerstreitender Ansichten verfolgen die Vertragspartner ein einheitliches gesamtwirtschaftliches Interesse. Beide streben die Minimierung von Kreditrisiken und die daraus folgende Stabilität der Kreditwirtschaft an, so daß die kalkulierbaren Risiken letztlich in der Konditionsgestaltung berücksichtigt werden können.

Die Gefahr einer Übersicherung stellt dann eine unangemessene Benachteiligung i.S.v. § 9 Abs. 1 AGBG dar, wenn es zu einem deutlichen Mißverhältnis von Kreditforderung und Sicherheitenwert kommt. Das ist der Fall, wenn sich der Kreditgeber über seine notwendige Kreditsicherung hinaus weitere Sicherheiten einräumen läßt, die sich durch ein besonderes Interesse nicht rechtfertigen lassen.[62]

Eine grundsätzliche Frage besteht darin, wer sich auf den Schutzbereich des § 9 AGBG berufen kann. Der Wortlaut ist dabei eindeutig. Danach sollen nur die unzureichend berücksichtigten Interessen des Vertragspartners geschützt werden. Folglich würde der Schutzbereich die Verwender und mögliche Dritte ausgrenzen. Ein Teil der Literatur möchte den Schutzbereich dennoch auf Dritte ausdehnen, und zwar dann, wenn es um typische Benachteiligungen Dritter geht, die sich aus dem Sicherungsvertrag ergeben. Das ist z.B. der Fall, wenn Dritten als Gläubiger Sicherungsmittel durch Übersicherung zu Gunsten anderer Gläubiger entzogen werden.[63]

---

62 Vgl. Ganter ZIP 1994, 257 ff.

63 Ulmer/Brandner/Hensen § 9 AGBG Rn. 117.

Zur Begründung wird in einem solchen Fall darauf verwiesen, daß das AGB-Gesetz zum Ziel hat, allgemein die mißbräuchliche Verwendung von Allgemeinen Geschäftsbedingungen und Formularverträgen zu verhindern.
Inzwischen hat sich die Ansicht durchgesetzt, daß zwar die Klarheit des Wortlautes des § 9 AGBG überzeugend ist, die Drittinteressen jedoch dann berücksichtigt werden müssen, wenn sie mit den Interessen des Vertragspartners korrespondieren.[64] Zu einer solchen Parallelwertung der Interessen kommt es ganz offensichtlich bei der Übersicherung, denn neben einer Einschränkung der Bewegungsfreiheit des Sicherungsgebers kommt es faktisch auch zu einer Benachteiligung Dritter - wenn auch potentieller - Gläubiger durch die Verkürzung einer möglichen Sicherheitenüberstellung an sie. Es werden also sowohl Interessen des Vertragspartners als auch Drittinteressen berührt und durch das AGB-Gesetz geschützt.

Der generelle Prüfungsmaßstab des § 9 Abs. 1 AGBG findet Konkretisierungen in § 9 Abs. 2 AGBG, die die Inhaltskontrolle erleichtern sollen. Hierbei werden zwei Bereiche hervorgehoben, die bei Tatbestandserfüllung zum Klauselverbot führen.
Das ist zum einen die Unvereinbarkeit mit wesentlichen Grundgedanken der gesetzlichen Regelung (§ 9 Abs. 2 Nr. 1 AGBG) und zum anderen die Gefährdung des Vertragszweckes durch Einschränkung wesentlicher Vertragsrechte oder -pflichten (§ 9 Abs. 2 Nr. 2 AGBG). Diese Konkretisierungen spielen für die praktische Anwendung im Kreditsicherheitenrecht eine untergeordnete Rolle. Das gilt insbesondere für den Fall der Übersicherung, bei dem es nicht so sehr um die Ausgestaltung der Sicherungsrechte an sich geht, sondern lediglich um die Höhe des eingeräumten Sicherungswertes. Insofern bleibt es letztlich bei einer Angemessenheitsprüfung nach § 9 Abs. 1 AGBG.

Wenn man sich mit dem Inhalt einer AGB-Klausel oder eines Formularvertrages auseinandersetzt, muß man vorab die Frage klären, ob bei der Inhaltskontrolle auf die Klausel als solche abgestellt werden muß oder ob für die Beurteilung einer Klausel ihre Wirkung maßgeblich ist. Letzteres würde bedeuten, daß die tatsächliche Auswirkung im konkreten Fall

---

[64] Wolf, FS für Baur, S. 147, 153 f.

darzulegen wäre, während im ersten Fall schon die reine Möglichkeit einer Benachteiligung durch eine formulierte Klausel die Unwirksamkeit zur Folge hätte. Es geht also um eine ex ante- und eine ex post-Betrachtung.
Bei der Überprüfung einer Sicherungsklausel kommt es daher darauf an, ob die entscheidende Bestimmung geeignet ist, einer Übersicherung überhaupt Vorschub zu leisten, oder ob es tatsächlich zu einer Übersicherung gekommen ist.[65]
Auf der einen Seite wird argumentiert, daß eine generalisierende Betrachtung schon deswegen nicht praktikabel sei, weil trotz des Mangels einer Benachteiligung im konkreten Fall, eine Klausel im nachhinein als unwirksam klassifiziert werden könnte. Ein Sicherungsgeber könnte in solchen Fällen die Freigabe von Sicherheiten erzwingen, obwohl tatsächlich keine Übersicherung vorliegt.
Dies erscheint ungerecht und würde für die Betrachtungsweise der konkreten Schadensermittlung sprechen. Folgt man dieser Ansicht, führt dies jedoch zu dem untragbaren Ergebnis, daß alle Arten von Allgemeinen Geschäftsbedingungen und Formularverträge möglich wären und ihre Gültigkeit behalten würden, bis eine konkrete unangemessene Benachteiligung erwiesen ist. Überspitzt gesagt, könnte der Verwender machen was er wollte, schlechtestenfalls wäre lediglich die fragliche Klausel unwirksam.
Daß das nicht rechtens sein kann, geht schon aus der Zielsetzung des AGB-Gesetzes hervor, die gerade den Mißbrauch einseitiger Gestaltungsmacht des Verwenders verhindern will. Im Gegensatz zum BGB soll eben nicht auf den Einzelfall abgestellt werden, sondern der verkehrstypische Fall geregelt werden. Insofern besteht heute auch kein Zweifel mehr in Rechtsprechung und Literatur,[66] daß auf den Zeitpunkt der Mißbrauchsgefahr durch die Klausel, also auf den Zeitpunkt der Einbeziehung der fraglichen Klausel in den Vertrag, abzustellen ist.

---

65 Vgl. BGHZ 98, 303; Überblick über den Streit zwischen Individual- und Verbandsprozeß bei: Basedow AcP 182, 356 ff.; Bechthold BB 1983, 539 MüKo-Kötz § 9 AGBG Rn. 5.

66 BGH NJW 1987, 487, 489; BGH NJW 1986, 842, 843; Bunte NJW 1984, 1145, 1148.

## 3. Rechtsfolgen einer unangemessenen Benachteiligung i.S.v. § 9 AGBG

Die Rechtsfolge ergibt sich direkt aus § 9 AGBG. Danach sind die Bestimmungen, „wenn sie den Vertragspartner des Verwenders entgegen den Geboten von Treu und Glauben unangemessen benachteiligen," unwirksam.

Die Frage, ob eine Klausel bei einem teilweisen Verstoß gegen § 9 AGBG in einem reduzierten Umfang, der dem Gesetz entspricht, aufrechterhalten werden kann, war in der Literatur lange Zeit umstritten.

Eine Mindermeinung hielt eine geltungserhaltende Reduktion für zulässig, da ein ausgewogener Interessenausgleich auch dann gewährleistet sei, wenn die Klausel auf den zulässigen Inhalt beschränkt würde.[67] Des weiteren würde das völlige „Einkassieren" einer Klausel eine zu harte Strafe darstellen.[68] Die herrschende Meinung befürwortete hingegen die völlige Kassation einer unangemessenen Klausel.[69] Nachdem sich nunmehr auch die Rechtsprechung dieser Auffassung angeschlossen hat,[70] ist dieser Meinungsstreit weitgehend obsolet. Der BGH[71] argumentiert bei dem Verbot der geltungserhaltenden Reduktion wie folgt: „ ... Es würde dem Zweck des Gesetzes, den Vertragspartner des Verwenders vor unbilligen Klauseln zu schützen und auf einen den beiderseitigen Interessen gerecht werdenden Inhalt Allgemeiner Geschäftsbedingungen hinzuwirken, zuwiderlaufen, wenn es zugelassen würde, daß der Verwender bei der Aufstellung seiner Konditionen unbedenklich über die Grenze des Zulässigen hinausgehen dürfte, ohne mehr befürchten zu müssen, als daß das Gericht die Benachteiligung des Geschäftspartners auf ein gerade noch zulässiges Maß zurückführen wird." Kurz gesagt wäre die Verwendung unzulässiger Klauseln für den Verwender andernfalls risikolos. Von dieser Handhabung

---

[67] Hager JuS 1985, 264; MüKo-Kötz § 6 AGBG Rn. 8.

[68] Hager JuS 1985, 264; MüKo-Kötz § 6 AGBG Rn. 8.

[69] Palandt-Heinrichs Vorb. § 8 AGBG Rn. 9 m.w.N.; Ulmer/Brandner/Hensen § 6 Rn. 50.

[70] BGHZ 84, 114; BGHZ 86, 297; BGH ZIP 1982, 929, BGH ZIP 1983, 317, 321.

[71] BGHZ 84, 114.

gibt es allerdings eine allgemein anerkannte Ausnahme. Das Verbot der geltungserhaltenden Reduktion gilt nicht, wenn Klauseln sachlich und sprachlich teilbar sind und die übrigen Teile selbständig sinnvoll stehenbleiben können.[72] Ergibt sich daraus jedoch eine ganz neue und vom bisherigen Vertrag völlig abweichende Vertragsgestaltung, so ist die gesamte Klausel oder sogar der gesamte Vertrag unwirksam.[73]
An diese Problematik schließt sich die Frage an, ob die Unwirksamkeit einer Klausel auch Konsequenzen für den gesamten Vertrag hat.
§ 139 BGB beantwortet dies dahingehend, daß im Zweifel der Gesamtvertrag nichtig ist. Bei der Verwendung von Allgemeinen Geschäftsbedingungen und Formularverträgen findet jedoch § 6 Abs. 1 AGBG Anwendung, der im Gegensatz zu § 139 BGB regelt, daß der Vertrag im übrigen wirksam bleibt. Diese Bestimmung findet aber ihre Schranke in § 6 Abs. 3 AGBG, wonach von einer Gesamtunwirksamkeit auszugehen ist, wenn ein Festhalten am Restvertrag eine unzumutbare Härte darstellen würde.

Im Kreditsicherungsrecht besteht die Besonderheit, daß i.d.R. zwei Verträge geschlossen werden. Der Kreditvertrag, aus dem sich die Rückzahlungspflicht ergibt und der Sicherungsvertrag, der die Sicherungsvereinbarungen enthält. Das Problem der Übersicherung findet sich dabei regelmäßig im Sicherungsvertrag. Da diese Verträge jedoch selbständig nebeneinander stehen, ist zweifelhaft, ob eine unwirksame Sicherungsklausel Auswirkungen auf den Kreditvertrag und damit auf die Rückzahlungspflicht hat. Solche Auswirkungen ergeben sich aber nur dann, wenn beide Verträge miteinander verknüpft sind, mithin ein einheitliches Rechtsgeschäft vorliegt. Regelmäßig sieht es jedoch so aus, daß der Sicherungsvertrag nur einen „Hilfscharakter“ zum Grundgeschäft des Kreditvertrages hat. Die Rückzahlungspflicht folgt nämlich separat aus dem Kreditvertrag, der auch ungesichert fortbestehen würde.
Demnach hat eine unwirksame Klausel im Sicherungsvertrag keine Auswirkungen auf den Kreditvertrag.

---

72 BGH WM 1984, 986; BGH WM 1985, 24; BGH WM 1989, 949; OLG Düsseldorf WM 1984, 1134.

73 BGH WM 1984, 986, 987.

# B. Maßstab für eine Übersicherung

## I. Deckungsgrenze und realisierbarer Wert

Die Gefahr einer Übersicherung wird i.d.R. durch den sich aus dem Sicherungsvertrag ergebenden Freigabeanspruch des Sicherungsgebers verhindert. Dieser Freigabeanspruch des Sicherungsgebers muß nicht zwingend klauselmäßig ausgesprochen werden. Fehlt in einem Sicherungsvertrag die ausdrückliche Freigabeverpflichtung, ist der Sicherungsvertrag deshalb nicht nichtig. Der Freigabeanspruch ergibt sich dann aus Treu und Glauben gemäß §§ 157, 242 BGB.[74] Sobald die gestellten Sicherheiten dann eine sogenannte Deckungsgrenze überschreiten, sind die Sicherheiten nach dem verständigen Willen der Vertragsparteien (§§ 133, 157, 242 BGB) dem Sicherungsgeber freizugeben.

Daß die maßgebliche Grenze nun „Deckungsgrenze" genannt wird, verwundert und gibt den Sinn derselben nicht wider. Trotzdem hat sich der Begriff der „Deckungsgrenze" durchgesetzt, weil er schon in früheren Bankformularen verwendet wurde. Dort stellte er jedoch in erster Linie die Pflicht des Sicherungsgebers dar, den Kredit bis zu einer bestimmten Grenze mit Sicherheiten zu unterlegen bzw. abzudecken, daher also Deckungsgrenze. Diese Grenze diente umgekehrt als Maßstab für eine Freigaberegelung. Heutzutage wäre allerdings wegen der sachlichen Trennung eine präzisere Bezeichnung hilfreich. Zutreffender erscheint daher wohl der Begriff *Freigabegrenze.*

Die in Nr. 16 Abs. 1 AGB-Banken benutzte Terminologie[75] ist jedoch nicht zu beanstanden, da dort auch die Deckungsgrenze im wörtlichen Sinn gemeint ist.

---

[74] BGHZ 110, 241, 246; BGH ZIP 1994, 307.

[75] Nr. 16 Abs. 1 AGB-Banken n.F.:

> „Die Bank kann ihren Anspruch auf Bestellung oder Verstärkung von Sicherheiten so lange geltend machen, bis der realisierbare Wert aller Sicherheiten dem Gesamtbetrag aller Ansprüche aus der bankmäßigen Geschäftsverbindung (Deckungsgrenze) entspricht."

Früher berücksichtigten die Banken in ihren Allgemeinen Geschäftsbedingungen - nämlich in Nr. 19 Abs. 6 - die Freigabeklauseln, wonach sie sich dazu verpflichteten, auf Verlangen des Kunden die Sicherungsgegenstände freizugeben, sobald die vereinbarte Deckungsgrenze überschritten wurde. Wurde jedoch keine Deckungsgrenze festgelegt, so hatte die Bank die Sicherheiten nach billigem Ermessen freizugeben.
In seinem Urteil vom 29. November 1989[76] führt der BGH aus, daß Freigabeklauseln, die allein auf das billige Ermessen des Sicherungsnehmers ohne objektive Orientierungsgröße abstellen, keinen ausreichenden Schutz gegen eine Übersicherung der kreditgebenden Bank bieten.
Die vorgenannte Entscheidung ließ somit das „billige Ermessen" nicht mehr ausreichen, sondern forderte vielmehr die Bestimmung einer objektiven Orientierungsgröße.
Die darauf folgende Rechtsprechung[77] verlangte dann für bestimmte Sicherungsarten Freigabeklauseln mit zahlungsmäßig bestimmter Deckungsgrenze.
Bis zur Entscheidung vom 29. November 1989[78] wurden an die Freigabeklauseln keinerlei Anforderungen gestellt. Mit dieser Entscheidung verlangte jedoch der VIII. Zivilsenat des BGH die Vereinbarung einer *festen Deckungsgrenze* mit daran anknüpfender Freigabeverpflichtung. Der Grund war die Vereinfachung der Durchsetzung von Freigabeansprüchen des Sicherungsgebers und die Ersparung von zeit- und kostenaufwendigen Streitereien.
Die inhaltlichen Anforderungen an die Freigabeklauseln beschäftigten auch den IX. Zivilsenat des BGH in seinen Urteilen vom 13. Januar 1994.[79] Seit diesen Entscheidungen differenziert der BGH zwischen Global- und Singularsicherheiten:[80]

---

76 BGH WM 1990, 51.

77 BGH WM 1991, 1499; OLG Braunschweig WM 1991, 802; LG Bad Kreuznach WM 1992, 52; BGH ZIP 1992, 629; BGH WM 1991, 276.

78 BGH WM 1990, 51.

79 BGH WM 1994, 414; BGH WM 1994, 419.

80 Darauf näher eingehend siehe unten 2. Kapitel, C.III.1.

Werden Werte, die in der Zukunft dem Sicherungsgeber gehören, global übertragen (sog. **Globalsicherheiten**), so besteht die Gefahr, daß im Laufe des Kreditverhältnisses die Sicherheiten in dem Maße anwachsen, daß der Wert der gesicherten Forderung erheblich überstiegen wird. Aus diesem Grunde verlangt der BGH eine Regelung, nach der der Freigabeanspruch pauschal mit dem Überschreiten einer bestimmten Berechnungsgröße zu begründen und für den Sicherungsgeber unschwer zu erkennen ist. Das Fehlen einer derartigen Regelung hätte dann das Wegfallen der gesamten Sicherungsklausel zur Folge und damit wäre der Sicherungsvertrag unwirksam.[81]

Werden jedoch **Singularsicherheiten** übertragen, so ist der Wert des Sicherungsgutes von Anfang an klar umrissen. Folglich kann der Sicherungsgeber mit vertretbarem Aufwand ermitteln, welchen Sicherungswert das Sicherungsmittel auch in Zukunft hat. Da der Überblick gewahrt ist, in welchem Verhältnis Forderung und Sicherungsgut zueinanderstehen, ist eine Freigabeklausel in den Fällen der Singularsicherheiten entbehrlich.[82]

Bei den Globalsicherheiten muß die Deckungsgrenze danach eine objektive Bezugsgröße zwischen Sicherheit und zu sichernder Forderungen aufweisen und den Sicherungsnehmer verpflichten, die überschießenden Sicherheiten auf Anforderung des Sicherungsgebers freizugeben, d.h. zurückzuübertragen. Es reicht nicht aus, daß sich der Sicherungsnehmer lediglich bereit erklärt, die Sicherheit freizugeben. Die Sicherheiten müssen der zu sichernden Forderung entsprechen, wobei eine Aufschlag i.d.R. zulässig ist.[83] Die Höhe des Aufschlags ist heftig umstritten.[84]

Die Banken berücksichtigen diese Vorgaben inzwischen in Nr. 16 der am 1. Januar 1993 in Kraft getretenen neuen AGB-Banken.

Nach Nr. 16 Abs. 1 AGB-Banken muß die Deckungsgrenze eine objektive Bezugsgröße zwischen Sicherheit und zu sichernder Forderung aufweisen

---

81 BGH WM 1994, 414; BGH WM 1994, 419.

82 BGH WM 1994, 414; BGH WM 1994, 419.

83 BGH WM 1993, 213; WM 1993, 139.

84 Dieser Streit wird in der nachfolgenden Untersuchung noch eingehend erörtert; vgl. 1. Kapitel, B.III.

und den Sicherungsnehmer verpflichten, die überschießenden Sicherheiten auf Anforderung des Sicherungsgebers freizugeben.
Damit die Freigabe konkretisiert wird, müssen sich die Parteien beim Abschluß des Sicherungsvertrages Gedanken über die Bewertung des Sicherungsgutes machen.[85] Die Freigabeklausel muß daher eine Vereinbarung über den Wert der Sicherheit enthalten.
Wird vertraglich kein Wert festgelegt, macht der Wert der Sicherheiten i.d.R. 100 % des Kredites aus, weil sich Kreditgeber vollbesichern lassen (dürfen). Die Rechtsordnung verbietet umgekehrt nur die Übersicherung.
Eine Übersicherung liegt jedoch nicht gleich bei jedem Überschreiten der Deckungsgrenze vor. Vielmehr ist eine Sicherungsmarge erlaubt, die ein Überschreiten in einem gewissen Rahmen zuläßt.[86]
Fraglich ist in diesem Zusammenhang, von welchem Wert grundsätzlich auszugehen ist.
Nr. 16 Abs. 2 AGB-Banken spricht vom „realisierbaren Wert," der auch vom BGH verwendet wird.[87]
Hiernach ist der vermutliche Verwertungserlös zugrunde zu legen, in welchem die bestehenden Verwertungsrisiken bereits berücksichtigt worden sind, so daß die Grenze der jeweils unzulässigen Übersicherung niedriger angesetzt ist.[88]
Eine andere Möglichkeit besteht darin, den Nominal- oder den Nennwert als Grundlage zu nehmen. Für die Verwendung dieses Ansatzes spricht die für den Kunden bestehende Transparenz, außerdem wäre jegliches Ermessen der Banken und jeglicher Freiraum für Einschätzungen ausgeschlossen.[89]

---

85 Die reine Bewertung von Sicherheiten ist nicht ohne weiteres zu bewerkstelligen. Die sich aus der Bewertung ergebenden Probleme werden im 1. Kapitel, B.II. ausführlich erläutert.

86 Vgl. Nobbe Rn. 389 ff.; vgl. Scholz/Lwowski Rn. 148 k.

87 BGH WM 1985, 605; BGH WM 1986, 1545; vgl. Kümpel Rn. 6.9.

88 Nobbe Rn. 391.

89 Gößmann/Wagner-Wieduwilt/Weber Rn. 1/473.

Für die Bewertung nach dem „realisierbaren Wert" spricht, daß sich der wirkliche Wert erst im Ernstfall beurteilen läßt, nämlich in der Zwangsverwertung.[90]
Ob der Verwertungserlös dann dem Nominal- oder dem Nennwert entspricht ist fraglich. Für den Verwertungserlös spielen viele Faktoren eine Rolle, die ebenfalls berücksichtigt werden müssen: Zwangsverkauf, konjunkturelle Situation, saisonale Bedingungen, rechtliche und tatsächliche Möglichkeiten zur Durchsetzung der Verwertung u.a. Die Rechtsprechung verlangt dabei, daß man nicht vom schlechtesten Fall ausgehen darf.[91] Obwohl konjunkturelle Einbrüche zu Verlusten führen können, ist es unzulässig, sich mit hohen Prozentsätzen abzusichern. Vielmehr darf nicht das Unvorhergesehene bei der Bewertung unterstellt werden, sondern es ist vom Normalfall auszugehen.[92]
Diese Begründung findet sich in einem Urteil[93] wieder, bei dem das Gericht über eine 400%ige Deckungsgrenze bei sicherungsübereigneter Wolle zu befinden hatte. Aufgrund von konjunkturellen Einbrüchen konnten trotz der sehr hohen Deckungsgrenze die Verluste nicht aufgefangen werden. Unbeeindruckt davon hat jedoch das Gericht die hochprozentige Übersicherung für unzulässig gehalten. Diese Beurteilung widerspricht den Entscheidungen des BGH, nach denen die am Markt herrschenden Risiken bei der Bewertung der Sicherheiten zu berücksichtigen sind. Der BGH geht deshalb ausdrücklich vom sogenannten Zerschlagungswert aus, der eben diese Risiken miteinbezieht. Ob nun hier eine Deckungsgrenze in dieser Höhe gerechtfertigt ist, mag dahinstehen. Es muß allerdings einleuchten, daß ein Kreditgeber durch unzureichende Absicherung unmöglich die wirtschaftlichen Risiken eines Kreditnehmers übernehmen kann.

---

90 Gößmann/Wagner-Wieduwilt/Weber a.a.O.

91 OLG Braunschweig WM 1991, 802 ff.

92 Anderer Ansicht ist der BGH in WM 1991, 88 ff., der für den Verwertungserlös den ungünstigsten Fall annehmen läßt, allerdings im vorliegenden Urteil über einen Individualvertrag zu befinden hatte.

93 OLG Braunschweig WM 1991, 802.

Gerade bei Sicherungsmitteln, die aufgrund sensibler Warenmärkte besonderen Wertschwankungen unterliegen, sollte die Übersicherung daher nicht pauschal an der Höhe des Deckungssatzes gemessen werden.

Bei beweglichen Sachen geht die Praxis daher häufig vom Einkaufspreis aus oder - sofern vorhanden - vom jeweiligen Markt- oder Börsenpreis, bei Forderungen vom Nennwert. Von diesen Werten werden entsprechend den wertmindernden Faktoren Abschläge abgezogen. Der daraufhin ermittelte Wert ist dann der sog. „realisierbare Wert", welcher in den Sicherungsverträgen zu vereinbaren ist und AGB-rechtlichen Ansprüchen entspricht.[94]

## II. Die Bewertung von Kreditsicherheiten

Die Bewertung von Kreditsicherheiten hat der BGH erstmals in seiner Entscheidung vom 19. März 1992[95] angemahnt. Dort mußte der BGH über eine formularmäßige Sicherungsübereignung eines Warenlagers befinden und verlangte als Wirksamkeitserfordernis, daß der Vertrag eine Bezugsgröße für die Berechnung des Wertes der eingeräumten Sicherheit enthalten müsse. Diese Bezugsgröße sollte dem Sicherungsgeber ermöglichen, unschwer festzustellen, ob die Deckungsgrenze überschritten sei.
Bei der Berechnung der Deckungsgrenze werden die Sicherheiten mit ihrem realisierbaren Wert berücksichtigt, Nr. 16 Abs. 2 AGB-Banken. Dies macht eine nachvollziehbare Bewertungsregelung erforderlich, die unabhängig von einer einseitigen Ermessensentscheidung der Bank objektive Maßstäbe enthält. Eine auf das billige Ermessen (§ 315 BGB) abstellende Berechnung der Deckungsgrenze bietet bezüglich der Freigabeansprüche keinen ausreichenden Schutz des Sicherungsgebers, weil der Freigabeanspruch nicht mit der erforderlichen Rechtssicherheit nachzuvollziehen wäre und der

---

94 Gößmann/Wagner-Wieduwilt/Weber Rn. 1/473.

95 BGH WM 1992, 813 = BGH ZIP 1992, 629.

Sicherungsgeber sein Recht auf Freigabe nur mittels Hinzuziehung eines Sachverständigen bzw. eines Rechtsstreits durchsetzen könnte.[96]

Die Rechtsprechung stellt an die Bewertung von Sicherheiten hohe Anforderungen. Hierzu sind die Entscheidungen des BGH aus dem Jahre 1994[97] besonders beachtlich, weil sich die Rechtsprechung nun unter Rückbesinnung auf die einschlägige Rechtsprechung aus dem Jahre 1960[98] bei den Singularsicherheiten mit dem gesetzlichen Freigabeanspruch begnügt. Vor den angeführten BGH-Entscheidungen aus dem Jahre 1994 hatten schon das OLG Stuttgart[99] sowie das OLG Hamm[100] und das OLG Düsseldorf[101] die bereits dargestellten[102] Grundsätze zur Globalsicherheit nicht auf Singularsicherheiten übertragen. Dabei wurde argumentiert, daß die Bewertung von einzelnen Gegenständen keine besonderen Schwierigkeiten bereite, weil die künftige Entwicklung dieser Sicherheiten überschaubar, und ein Wertverlust i.d.R. vorgegeben sei. Inwieweit Singularsicherheiten im Rahmen eines Sicherheitenverbundes zu bewerten sind, bleibt in der Rechtsprechung bislang offen. Um dieses Problem lösen zu können und generell um etwaige Übersicherungen feststellen zu können, ist eine gewisse Rechtsklarheit bezüglich der Sicherheitenbewertung vonnöten, und zwar sowohl bei Singularsicherheiten und erst recht bei Globalsicherheiten.
Für die Schwierigkeiten der Sicherheitenbewertung ist daher weniger die Art des jeweiligen Sicherungsvertrages, sondern vielmehr die Art der jeweiligen Sicherheit von Bedeutung.

---

[96] BGH WM 1992, 813; BGH WM 1990, 1326; BGH WM 1990, 51; BGH WM 1991, 1273; BGH WM 1991, 276; BGH WM 1991, 1499; OLG Hamm WM 1992, 1731; LG Mönchengladbach WM 1993, 992.

[97] BGH WM 1994, 414 ff.; BGH NJW 1994, 1796; BGH NJW 1994, 1798.

[98] BGH WM 1960, 855, 856.

[99] Mit Anmerkung von Nobbe in EWiR § 9 AGBG 21/93, S. 837.

[100] WM 1993, 1590.

[101] WM 1993, 784.

[102] Vgl. 1. Kapitel, B.I.

Bei der Prüfung von Kreditsicherheiten kommt es neben dem Rechtsbestand vor allem auf den Sicherungswert an. Denn eine Sicherheit ist erst dann als sicher zu bewerten, wenn sie nicht nur einwandfrei begründet, sondern auch wertmäßig, d.h. tauglich ist.

Die Kreditsicherheiten sind allgemein in Personen- und Sachsicherheiten zu unterteilen.
Die Sachsicherheiten repräsentieren schon aus der Natur der Sache heraus greifbarere Sicherheiten als Personensicherheiten und werden somit als die werthaltigeren beurteilt, weil bei einer Personensicherheit eine ursprünglich zweifelsfreie Bonität eine spätere Zahlungsunfähigkeit des Sicherungsgebers nicht ausschließt. Auch eine im Gesetz kaum beachtete Norm bevorzugt die Sachsicherheit. Dies folgt aus § 232 Abs. 2 BGB. Hiernach ist eine Sicherheitsleistung durch einen Bürgen nur dann zulässig, wenn der Schuldner keine Realsicherheit erbringen kann.[103] Diese pauschale Aussage kann jedoch nicht richtig sein, weil insbesondere Sachsicherheiten auch konjunkturanfällig sind und somit ebenso enormen Wertschwankungen unterliegen. Folglich entscheidet bei der Sicherheitenbewertung der Einzelfall. Grundsätzlich gilt für die Sicherheitenbewertung folgendes:

## 1. Die Bewertung von Personensicherheiten

Bei Personen- bzw. Personalsicherheiten ist die Vermögenslage des jeweiligen Sicherungsgebers entscheidend. Als Sicherheiten kommen dabei Bürgschaften, Garantien und Patronatserklärungen in Frage. Um diese Sicherheiten zuverlässig bewerten zu können, werden hauptsächlich Auskünfte, Jahresabschlüsse und Vermögensaufstellungen herangezogen. Nach § 239 BGB ist „ein Bürge tauglich, wenn er ein der Höhe der zu leistenden Sicherheit angemessenes Vermögen besitzt und seinen allgemeinen Gerichtsstand im Inland hat."

Die Grundsätze der Rechtsprechung zur Freigabeklausel mit zahlungsmäßig bestimmter Deckungsgrenze gelten jedoch nicht für Personensicherheiten.

---

[103] Palandt-Heinrichs § 232 Rn. 4.

Das ergibt sich daraus, daß diese Sicherheiten nicht quantifizierbar sind, sofern sie nicht durch Sachwerte unterdeckt sind. Somit erscheint bei reinen Personensicherheiten eine zuverlässige Bewertung unmöglich.[104]
Folglich werden sie auch in einem aufzustellenden Deckungsgesamtplan nicht berücksichtigt, auch nicht im Zusammenhang mit weiteren Sicherheiten.[105]
Bei Bürgschaften ist diese Handhabung darauf zurückzuführen, daß sich der Sicherheitenwert wegen der Akzessorietät nach dem Bestand der Hauptforderung richtet (§ 767 Abs. 1 BGB).[106]
Die akzessorischen Sicherheiten können also im Gegensatz zu den nichtakzessorischen Sicherheiten nie den Wert der Forderung übersteigen. Des weiteren werden die Personensicherheiten jeweils von Dritten gestellt, für die es keine Beschränkung der wirtschaftlichen Bewegungsfreiheit geben kann.[107] Denn das Außenhandeln des Sicherungsgebers bleibt unbeeinträchtigt und außerdem ist eine zuverlässige Bewertung einer Personensicherheit nicht möglich.

Die Bewertung von Personensicherheiten an sich richtet sich nach den jeweiligen Umständen des Einzelfalles.[108] In der Praxis werden Personensicherheiten jedoch nicht bewertet und gelten somit auch nicht als werthaltige Sicherheit. Nichtsdestotrotz können Bürgschaften von Sicherungsgebern mit erstklassiger Bonität als vollwertig erachtet werden, auch wenn eine Bewertung auf „Mark und Pfennig" ausgeschlossen ist.

---

104 OLG Hamm ZIP 1993, 1301.

105 OLG Hamm ZIP 1993, 1301; BGH NJW 1994, 1796, 1798.

106 Vgl. Ganter ZIP 1994, 257.

107 OLG Hamm ZIP 1993, 1301.

108 BGH NJW 1994, 1796, 1798.

## 2. Die Bewertung von Sachsicherheiten

Eine zuverlässige Bewertung dieser Sicherheiten macht deshalb Schwierigkeiten, da neben dem eigentlichen Sicherungswert auch und gerade der Wert im Zeitpunkt der Realisierung berücksichtigt werden muß.[109]
Unterschiedlichste Einflüsse auf die Marktlage erfordern eine angemessene Sicherheitenbewertung. Dabei zeigt die Erfahrung, daß ein zwangsweise veräußertes Sicherungsmittel in den seltensten Fällen die gleichen Erlöse bringt wie bei einer „ruhigen Abwicklung."[110]

### a) Die Bewertung beweglicher Sicherheiten

Eine Bewertungsklausel, die für die Bewertung von beweglichen Sicherheiten den **Einkaufspreis**[111] oder den **Gestehungspreis**[112] zugrunde legt, hält der AGB-rechtlichen Überprüfung stand.[113] Wenn vorhanden, kann auch der Markt- bzw. Börsenpreis zugrunde gelegt werden.[114]
Der BGH[115] läßt für die Bewertung den Einkaufspreis des Sicherungsgutes als Wertuntergrenze gelten, weil im Verwertungsfalle kaum der Verkaufspreis erreicht werden kann. Die Gewinnspanne zwischen Ein- und Verkaufspreis kann nicht das Bewertungsrisiko abfedern.[116]
Letztlich kann wohl auch kaum der Verkaufspreis von vornherein feststehen, da sich dieser bekanntlich aus dem Prinzip von Angebot und Nachfrage ergibt.

---

109 Vgl. zum realisierbaren Wert, 1. Kapitel, B.I.

110 Scholz/Lwowski Rn. 276.

111 BGH WM 1991, 88; OLG Hamm WM 1993, 2046, 2049.

112 OLG Hamm WM 1993, 2046, 2049.

113 BGH WM 1995, 695; BGH ZIP 1995, 1078, 1080; BGH WM 1995, 1264, 1268.

114 Kümpel Rn. 6.104.

115 BGH WM 1992, 813.

116 So auch der BGH in WM 1991, 88, 91. Diese Entscheidung erging allerdings im Zusammenhang mit einem Individualvertrag.

Nach anderer Auffassung sollen statt des Einkaufspreises die **Wiederbeschaffungskosten** für die Errechnung des realisierbaren Wertes zugrunde gelegt werden.[117]
Zwar werde i.d.R. auf den tatsächlich bezahlten Einkaufspreis abgestellt, dieser sei aber nicht immer zu ermitteln. Eine spätere Ermittlung dieses Preises habe deutliche Unwägbarkeiten zur Folge. Ein besonderer Vorteil des Wiederbeschaffungswertes liege zudem in der wesentlich sachgerechteren Bewertung. So kämen nämlich steigende Wiederbeschaffungskosten dem Sicherungsgeber zugute. Dieses Argument reflektiert jedoch die Situation äußerst ungenau. Denn der umgekehrte Fall hätte jeweils eine Unterdeckung zur Folge, die der Sicherungsgeber ausgleichen müßte. Doch gerade hier ist eine objektive Bezugsgröße erforderlich, um entsprechend vorsorgen und kalkulieren zu können. Hierüber wird auch vergessen, daß der Einkaufspreis lediglich einen Indikator für die Berechnung des erzielbaren Verwertungserlöses darstellt.
Des weiteren bleibt die Frage unbeantwortet, wie die Berechnung aussehen soll, wenn eine Wiederbeschaffung überhaupt nicht mehr möglich ist. Man könnte zum einen davon ausgehen, daß der Preis besonders hoch ist, da die Nachfrage das Angebot deutlich überwiegt. Andererseits könnte der Wert auch gegen Null tendieren, da die Wiederbeschaffung sowieso unmöglich wäre und die Sache z.B. wegen eines Modellwechsels ohnehin nichts mehr wert ist.

Zusammenfassend ist festzuhalten, daß der Einkaufspreis am leichtesten nachzuvollziehen und zu ermitteln ist, und gleichzeitig weder den Sicherungsgeber noch den Sicherungsnehmer benachteiligt. Da dem Einkaufspreis der Zeitwert bei Sicherheitenstellung zugrunde liegt, haftet ihm allerdings die Gefahr der unbestimmten Wertschwankungen an. Diese Gefahr ist jedoch auch bei dem Wiederbeschaffungswert gegeben, und zwar ohne daß überhaupt von einem Basiswert zum Zeitpunkt des Vertragsschlusses ausgegangen wird. Darüber hinaus sind die Wertschwankungen mit Hilfe von Überdeckungsmargen in den Griff zu bekommen. Daraus folgt, daß der Einkaufspreis den für die Bewertung maßgeblichen Basiswert darstellt.

---

[117] Rellermeyer WM 1994, 1009, 1013.

Insofern ist die vom BGH[118] bestätigte Auffassung des OLG Hamm[119] richtig, wonach die Bewertung nach dem Einkaufspreis an objektive Umstände anknüpft. Eventuell auftretende Probleme würden jedoch „bei einem Warenlager kaum zu vermeiden sein. Wenn unter diesem Gesichtspunkt die Anforderungen zu hoch angesetzt werden, droht für den Kreditnehmer der generelle Nachteil, daß ein Warenlager nicht mehr als Sicherung akzeptiert wird."
Beweglichen Sachen, die vom Sicherungsgeber selbst hergestellt, be- und verarbeitet werden, steht der Einkaufspreis als Berechnungsgrundlage dagegen nicht mehr zur Verfügung. Als objektive Bezugsgröße für die Deckungsgrenze werden vielmehr die **Gestehungskosten** oder die **Herstellungskosten** zugrunde gelegt.
Beide Begriffe werden synonym verwandt, obwohl nur die Herstellungskosten gesetzlich definiert sind (§ 255 Abs. 2 HGB). Aus § 255 Abs. 2 HGB läßt sich allerdings keine eindeutige oder gar zwingende Definition für den Begriff der Herstellungskosten ableiten. Vielmehr eröffnet § 255 Abs. 2 HGB erhebliche Bewertungsspielräume, die einer eindeutigen Wertermittlung entgegenstehen und dadurch die Verwendung dieses Begriffes als Bewertungsmaßstab in Zweifel ziehen.[120]
Nach § 255 Abs. 4 HGB können Kosten der allgemeinen Verwaltung und soziale Aufwendungen mit in den Herstellungspreis einbezogen werden. Fraglich ist daher, inwieweit ein so ermittelter Wert eine Untergrenze darstellen kann, die bei der Veräußerung des Sicherungsgutes mindestens erzielt werden soll. Wie dieses Problem zu lösen ist, ist bislang noch ungeklärt. Rellermeyer[121] stellt wiederum auf die Wiederbeschaffungskosten ab. Dabei will er nur die Rohmaterialien zugrunde legen und darauf eine gewisse Quote für die Wertschöpfung aufschlagen. Diese Lösung ist schon deshalb problematisch, weil zum einen die Quote nicht beziffert wird und

---

118 BGH WM 1995, 695; BGH ZIP 1995, 1078, 1080; BGH WM 1995, 1264, 1268.

119 OLG Hamm WM 1993, 2046, 2049.

120 Darauf näher eingehend: Kölner Komm. AktG-Claussen/Korth § 255 HGB Rn. 45 ff.

121 WM 1994, 1009, 1015.

daher sehr grob ist. Zum anderen soll die Quote bei verschiedenen Sicherungsgütern unterschiedlich hoch sein.

Besonders umständlich erscheint die Möglichkeit, jedes Sicherungsgut nach der jeweiligen Kostenstruktur aufzuschlüsseln und dann anhand einer einheitlichen Anwendung bestimmter akzeptierter Kosten nachträglich zu vereinheitlichen.[122]

Diese Ausführungen belegen die Schwierigkeiten bei der Sicherheitenbewertung von Produktionsmitteln. Eine befriedigende Lösung ergibt sich jedoch, wenn als Wertansatz die **Kostenrechnung** oder **Bilanz** des jeweiligen Unternehmens zugrunde gelegt wird. Diese Zahlen sind unschwer zu ermitteln und werden dem Charakter einer Wertuntergrenze schon dadurch gerecht, da sie i.d.R. den vorsichtigen handelsrechtlichen und steuerrechtlichen Bewertungsmethoden unterliegen. Obwohl diese Zahlen sich nicht aufgrund einer besonderen Sicherheitenbewertung ergeben, sind sie doch als Grundlage einer Bewertung geeignet und können notfalls mittels Überdeckungsmargen einzelfallgerecht korrigiert werden.

### b) Die Bewertung unbeweglicher Sicherheiten

Unbewegliche Sicherheiten oder Immobilien sind Sicherheiten, die an Grundstücken bestehen. Sämtliche Rechte an Grundstücken lassen sich unter dem Begriff „Grundpfandrechte" subsumieren. Das Gesetz unterscheidet drei Arten von Grundpfandrechten: Die **Hypothek**, die **Grundschuld** und die **Rentenschuld**.

Bei der **Hypothek** wird das Grundstück in der Weise belastet, daß an den Begünstigten eine bestimmte Geldsumme wegen einer ihm zustehenden Forderung aus dem Grundstück zu zahlen ist (1113 Abs. 1 BGB).[123] Als akzessorische Sicherheit ist die Hypothek vom Bestand der Forderung abhängig. Damit scheidet die Hypothek schon denklogisch als Sicherheit aus, die die Gefahr der Übersicherung in sich birgt. Darüber hinaus findet

---

122 Rellermeyer WM 1994, 1009, 1015.

123 Lwowski/Gößmann, S. 127.

die Hypothek in der Praxis als taugliches Sicherungsmittel kaum noch Beachtung, so daß Ausführungen über die Bewertung von Hypotheken im Hinblick auf die Übersicherungsproblematik in diesem Zusammenhang nicht notwendig sind.

Die **Grundschuld** ist im Gegensatz zur Hypothek kein akzessorisches Sicherungsrecht, so daß sie rechtlich unabhängig vom Bestand der gesicherten Forderung ist (§ 1191 BGB). Die Abstraktheit macht es möglich, daß ein Teil des Grundstückswertes abgespalten werden kann.[124] Die daraus folgende große praktische Bedeutung begründet sich aus dem Verwertungsrecht hinsichtlich des Grundstückes, welches sich aus der Grundschuld selbst ergibt.[125]

Die **Rentenschuld** gem. § 1199 BGB ist eine Sonderform der Grundschuld und kennzeichnet sich dadurch, daß zu regelmäßig wiederkehrenden Terminen eine bestimmte Geldsumme aus dem Grundstück zu zahlen ist.[126] Wegen ihrer Ausgestaltung ist die Rentenschuld als Sicherungsmittel unbrauchbar und daher auch in der Praxis ohne Bedeutung.[127]

Die Problematik der Übersicherung beschränkt sich daher nur auf die Grundschulden.
Als Singularsicherheiten sind die Grundschulden nach der jüngeren Rechtsprechung[128] unter einem anderen Blickwinkel zu betrachten. Grundschulden gleichen bezüglich ihrer Bewertung der Übertragung bestimmter Gegenstände oder Sachgesamtheiten mit bekanntem oder zumindest ohne zumutbarem Aufwand zu ermittelnden Wert. Im Gegensatz zu Sicherungsübereignungen von Warenlagern mit wechselndem Bestand oder Globalzessionen kommt es in der zukünftigen Entwicklung nicht zu einem Wertzuwachs. Insofern gelten für die Grundschulden die gleichen Grund-

---

124 Pottschmidt/Rohr Rn. 865.

125 Lwowski/Gößmann, S. 127.

126 Pottschmidt/Rohr Rn. 1012.

127 Vgl. Lwowski/Gößmann, S. 127.

128 BGH WM 1994, 414 ff.

sätze, die der BGH für die Sicherungsübereignung einzelner Gegenstände aufgestellt hat. Danach sind die Sicherungsübertragungen auch ohne Freigabeklauseln mit zahlungsmäßig bestimmter Deckungsgrenze grundsätzlich wirksam. Es braucht daher keine Bewertung der Grundschuld zu erfolgen.[129] Wie Grundschulden zu beurteilen sind, wenn sie im Zusammenhang mit anderen Sicherungsmitteln auftreten, ist noch offen. Ein sinnvoller Ansatz wäre hier die Einbeziehung in einem Deckungsgesamtplan. Hierfür ist dann allerdings eine Bewertung notwendig, auch wenn gegebenenfalls der Sicherheitenwert mit dem Nennwert zuzüglich anfallender Zinsen angesetzt werden könnte. Aus dieser Problematik heraus erscheint es zweckmäßig, einige grundlegende Aspekte der Sicherheitenbewertung bei Grundschulden anzusprechen:

Die Bewertung eines Grundstückes ist nicht ohne weiteres möglich. Beschaffenheit, Lage, Zubehör und rechtliche Verhältnisse spielen bei der Schätzung des Wertes eine gewichtige Rolle. Zuverlässige Schätzungen nehmen daher i.d.R. entsprechend ausgebildete Sachverständige vor. Der Immobilienbereich kennt im wesentlichen zwei Verfahren, nach denen der Wert eines Grundstückes ermittelt wird: Das **Sachwertverfahren** und das **Ertragswertverfahren**. In gewisser Weise bedingen sich beide Verfahren, doch letztlich beurteilt sich deren Anwendung anhand der Art des konkret zu bewertenden Grundstückes.
Die Ermittlung des **Sachwertes** setzt sich aus zwei Komponenten zusammen: Dem **Bodenwert** mit seinen Erschließungskosten und dem **Bauwert**, welcher die Erstellungskosten des Gebäudes unter Beachtung der örtlichen Verhältnisse widerspiegelt.[130]
Der **Ertragswert** will hingegen die Rentabilität des Grundstückes verdeutlichen. Hierbei tritt neben den **Bodenwert** der **Gebäudeertragswert**. Der Gebäudeertragswert kapitalisiert die Lage, die

---

129 BGH WM 1994, 414 ff.; OLG Hamm ZIP 1993, 1301, 1302; Ganter ZIP 1994, 257, 259; Pfeiffer WuB I F 4.-4.93; BGH NJW 1994, 1796, 1798.

130 Scholz/Lwowski Rn. 288.

Beschaffenheit und den Verwendungszweck der Immobilie, um so einen Grundstücksnettobetrag festzustellen.[131]

Durch die unterschiedlichen Bewertungsverfahren ergeben sich erhebliche Bewertungsspielräume, die jedoch insofern eingegrenzt werden, als die Art des Grundstückes das Bewertungsverfahren bestimmt.
Ein ertragloses Einfamilienhaus ist z.B. nach dem Sachwert zu beurteilen, weil die Eigennutzung im Vordergrund steht und somit auf den Wiederbeschaffungswert abzustellen ist. Im Gegensatz dazu ist für rentable Mietshäuser oder Bürogebäude der Ertragswert die entscheidende Größe.
Besonders schwierig ist die Bewertung von gewerblichen Immobilien. Hier hängt die Ertragsprognose von der Vitalität der entsprechenden Branche genauso ab, wie die jeweilige Nutzbarkeit des Grundstückes. Während mit der Stillegung der Unternehmung der Betriebswert erheblich sinkt, können andererseits manche Objekte nur branchenspezifisch genutzt werden, man denke z.B. an Müllverbrennungsanlagen, Stahlwerke, Kinos.

Im Ergebnis läßt sich sagen, daß die Bewertung von Immobilien im Einzelfall unterschiedlich zu beurteilen ist. Je nach Art der Nutzung und der entsprechenden Lage des Grundstücks können auf unterschiedliche Weise die Sach- bzw. Ertragswerte ermittelt werden.[132] Eine Bewertung entfällt jedoch, wenn die Immobilie als Singularsicherheit der Kreditgewährung dient.

Im Sicherheitenverbund mit anderen Sicherheiten haben sich die Instanzengerichte bisher kontrovers geäußert.[133]
Das LG Bielefeld[134] sieht bei der Bestellung mehrerer Sicherheiten eine Parallele mit der Situation bei Globalzessionen oder einer Übereignung

---

131 Scholz/Lwowski Rn. 289.

132 Im Sparkassenwesen und im Bereich der Hypothekenbanken sind Beleihungswert und Beleihungsgrenze durch sehr rigide Beleihungsvorschriften geregelt, so daß deren Sätze in der Regel hinter denen der Geschäftsbanken zurückbleiben (vgl. §§ 12 ff. HypothekenbankG, 7 BausparG).

133 Vgl. Kümpel Rn. 6.240 und 6.244.

eines Warenlagers mit wechselndem Bestand. In einem solchen Fall darf die Freigabe nicht in das billige Ermessen des Kreditgebers gestellt werden, sondern es bedarf einer Regelung, nach der der Sicherungsgeber bei ermäßigter Forderung die Freigabe nicht mehr benötigter Grundschulden verlangen kann, um so vor einer unangemessenen Übersicherung geschützt zu werden.

Das OLG Hamm[135] tritt dieser Ansicht entgegen, weil es in diesem Fall keine vergleichbare Situation mit den Globalsicherheiten erkennt. Das Gericht[136] führt dazu aus: „Die Bewertung von einzelnen Gegenständen bietet keine besonderen Schwierigkeiten. Die künftige Entwicklung dieser Sicherheiten ist überschaubar, da ein Wertverlust vorgegeben ist. Es liegt deshalb auf der Hand, daß der Sicherungsgeber einen Freistellungsanspruch mit Erfolg verfolgen kann, wenn die Summe der Einzelwerte der Sicherungsgegenstände den in Anspruch genommenen Kredit übersteigt." Daraus folgt, daß ein sogenannter Deckungsgesamtplan, der angibt, wann der Sicherungsgeber einen Anspruch auf Freigabe von Sicherheiten hat, bei der Stellung mehrerer Grundschulden bzw. bei der Stellung mehrerer sicherungsübereigneter Einzelgegenstände nicht erforderlich ist.

Gegenüber der Ansicht des LG Bielefeld[137] ist einzuräumen, daß die mehrfache Übertragung von Singularsicherheiten einen gewissen Anhäufungseffekt haben kann. Ob dieser Effekt allerdings mit der Situation bei der Globalzession vergleichbar ist, mag bezweifelt werden. Im Gegensatz zu den Globalsicherheiten sind die Singularsicherheiten in ihrer Entwicklung überschaubar, weil sie von Anfang an klar umrissen sind und zum Zeitpunkt der Übertrag zum Vermögen des Sicherungsgebers gehören.

---

134 LG Bielefeld WM 1993, 1084 f.

135 OLG Hamm ZIP 1993, 1301 ff.

136 OLG Hamm ZIP 1993, 1301, 1302.

137 LG Bielefeld WM 1993, 1084 f.

Insbesondere seit den beiden Urteilen des BGH vom 13. Januar 1994[138] können die Freigaberegelungen für Globalsicherheiten nicht auf die Bestellung von mehreren Grundschulden übertragen werden, weil bei diesen - wie bei der Einzelabtretung oder Einzelsicherungsübereignung - der Wert bei Vertragsabschluß und die zukünftige Entwicklung überblickt werden kann. So kann der Sicherungsgeber von Grundschulden mit zumutbaren Mitteln den Eintritt einer deutlichen Übersicherung rechtzeitig feststellen und bei einem Rechtsstreit nachweisen, inwieweit eine Übersicherung unzulässig ist. Der Sicherungsgeber mehrerer Grundschulden kann daher seinen Freigabeanspruch erfolgreich verlangen, wenn die Summe der einzelnen Grundschulden die zu sichernde Forderung übersteigt. Insofern bedarf es bei einer Bestellung mehrerer Grundschulden keiner Freigabeklausel mit zahlenmäßig bestimmter Deckungsgrenze und auch keine Berücksichtigung in einem Deckungsgesamtplan.[139]

### c) Die Bewertung von Rechten und Forderungen

Als Sicherungsmittel aus dem Bereich Rechte und Forderungen gibt es u.a. die Global- und die Lohnzessionen sowie die Abtretung von Mietansprüchen.

Bevor jedoch diese Rechte und Forderungen als Sicherungsmittel hereingenommen werden, ist festzustellen, ob das jeweilige Sicherungsmittel überhaupt wirksam besteht. Im Gegensatz zu den körperlichen Gegenständen läßt sich das Eigentumsverhältnis an Forderungen und Rechten nämlich nicht vom Rechtsschein des Besitzes ableiten, so daß ein gutgläubiger Erwerb hieran also ausscheidet.[140]

Die Werthaltigkeit des Sicherungsmittels ergibt sich aus seiner Art. Sind z.B. Ansprüche auf ein gesperrtes Barvermögen gerichtet - man denke an Notaranderkonten, Festgeldkonten oder Sparguthaben - ist die Bewertung

---

[138] BGH WM 1994, 414 ff.; BGH WM 1994, 419 ff.

[139] Vgl. OLG Hamm ZIP 1993, 1301, 1302; vgl. Ganter ZIP 1994, 257, 262; dieser Ansicht hat sich mit den gleichen Argumenten auch der IX. Senat des BGH in BGH WM 1994, 1161 angeschlossen.

[140] Erman-Michalski Vorb. zu §§ 932 ff. Rn. 1 ff.; Scholz/Lwowski Rn. 663.

bei 100 % anzusiedeln und damit weitaus höher, als Ansprüche gegen nicht wertmäßig taxierte Forderungen oder Rechte.
Im Bereich der Forderungen und Rechte ist der Wertbegriff nicht ohne weiteres klar umrissen.

### aa) Globalzession

Die **Globalzessionen** sind die in der Praxis am häufigsten eingesetzten Sicherungsmittel aus dem Bereich der Forderungen und Rechte. Bei ihnen sind die Probleme von Bewertungsklauseln relativ gering.
Der Sicherungswert entspricht bei Globalzessionen dem **Nennwert** der Forderung, solange im Sicherungsvertrag nichts gegenteiliges festgelegt wurde und die Fälligkeit des Anspruches in normalen Grenzen bleibt.[141] Maßgebend für den eigentlichen Sicherungswert ist allerdings der in der Verwertung realisierbare Erlös, der erfahrungsgemäß unter dem Nennwert anzusiedeln ist. Folglich kann der Nennwert lediglich als Ausgangsgröße für die Wertermittlung gelten, bevor vorrangige Rechte Dritter und Risiken des Forderungseinzugs berücksichtigt werden. Die Einbeziehung der wertmindernden Faktoren hat den realisierbaren Wert zur Folge.[142]
Bei den wertmindernden Faktoren gebührt den vorrangigen Drittrechten ein besonderes Augenmerk. Von entscheidender Bedeutung ist dabei, ob dem Anspruch des Sicherungsgebers **Einwendungen** des Anspruchsgegners entgegenstehen, so daß die Durchsetzung des Rechtes nicht ohne weiteres gewährleistet ist. Grundgedanke dieser Einwendungen ist der Schuldnerschutz gem. §§ 404 ff. BGB. Danach soll sich die Rechtsstellung des Schuldners durch den von ihm unbeeinflußten Forderungsübergang nicht verändern.
Die Erhaltung von Einwendungen und Einreden ergibt sich bereits aus § 398 S. 2 BGB, wird aber in § 404 BGB deutlich hervorgehoben. Entscheidend ist, daß die Gegenrechte zur Zeit der Abtretung nur dem Rechtsgrund nach angelegt zu sein brauchen. Daher kann sich die Einwendung auch erst später aus diesem Rechtsgrund ergeben.[143]

---

141 BGH WM 1986, 1545; BGH WM 1994, 104, 105; OLG Hamm WM 1993, 2046.

142 Vgl. 1. Kapitel, B.I.

143 Pick AcP 172, 39 ff.; Scholz/Lwowski Rn. 663.

Der Sicherungsnehmer muß sich somit immer Klarheit verschaffen, welche Einwendungen gegen das Sicherungsmittel bestehen könnten. Die Ermittlung an sich und die möglichen Einwendungen beeinflussen dann den Wert der Forderung.
Ein Verzicht auf die Ausübung der Einwendungen würde das Sicherungsmittel sofort wieder in den vollwertigen Bestand zurückführen. Das gleiche hätte der gutgläubige „lastenfreie" Erwerb zur Folge, an den bei Forderungen besondere Ansprüche gestellt werden. So muß der Erwerb entweder an den äußeren Tatbestand des Besitzes oder an grundbuchliche Eintragungen geknüpft sein.[144]
Ein anderes Problem ergibt sich beim vertraglichen **Abtretungsausschluß**. Gemäß § 399 2. Fall BGB sind solche Forderungen nicht übertragbar, deren Übertragung durch Vereinbarung der Parteien ausgeschlossen ist. Ein solches „pactum de non cedendo" ist absolut und damit gegenüber jedermann wirksam.[145]
Die Unwirksamkeit der Abtretung ist allerdings nicht endgültig, sondern nur schwebend, da der geschützte Schuldner im nachhinein einer Abtretung im Sinne von § 185 BGB zustimmen kann, so daß sie wieder wirksam wird.[146] Ob die Zustimmung ex tunc oder ex nunc wirkt, kann hier offen bleiben. Entscheidend ist vielmehr, daß ein Abtretungsverbot der Sicherheit jeden Wert nimmt und somit als taugliche Sicherheit obsolet macht.[147] Daran ändert auch die Tatsache nichts, wenn ein Kreditinstitut Zahlungen nur in der Funktion als Zahlstelle für den Kreditnehmer aufnehmen würde, weil sich das Kreditinstitut nach § 242 BGB nicht darauf berufen darf, lediglich als Zahlstelle fungiert zu haben, wenn so die gestellten Anforderungen des Abtretungsverbotes unterlaufen werden.[148]
Gerade weil die Globalzession ein gängiges Sicherungsmittel darstellt und ein Abtretungsverbot i.d.R. von bonitätsmäßig einwandfreien juristischen

---

144 Scholz/Lwowski Rn. 663.

145 BGHZ 102, 300; BGHZ 112, 389; Ausnahme in § 354 a HGB, auf die im folgenden noch eingegangen wird, 1. Kapitel, B.II.2.c) aa).

146 Vgl. Palandt-Heinrichs § 399 Rn. 11.

147 Vgl. Palandt-Heinrichs § 399 Rn. 11.

148 Vgl. BGH WM 1979, 13, 15; Kümpel Rn. 6.393.

Personen des öffentlichen Rechts und kapitalkräftigen Unternehmen ausgesprochen wird, bedurfte es hier einer rechtlichen Änderung. Es war nämlich nicht einzusehen, daß vorzügliche Sicherungsmittel dem Kreditgeschäft nicht zugänglich gemacht werden konnten. Viele mittelständische Unternehmen konnten die mit einem Abtretungsverbot belegten Forderungen nicht als Finanzierungsinstrument nutzen. Eine Abtretung trotz eines Abtretungsverbots gem. § 399 BGB war nach der Rechtsprechung[149] absolut unwirksam. Somit konnte der Forderungsinhaber die Forderung weder zu Kreditzwecken abtreten, noch an einen Factor verkaufen.[150]

Eine Änderung des § 399 2. Fall BGB wurde schon lange diskutiert.[151] Bislang ließ das Recht es zu, daß Unternehmen in Verträgen und den Allgemeinen Geschäftsbedingungen die Abtretung von Forderungen ausschlossen. Diese Möglichkeit haben fast alle Großunternehmen und vor allem die öffentliche Hand genutzt.
Die Verwender der Abtretungsverbote argumentierten dabei, daß die Durchbrechung des Abtretungsverbotes einen vermehrten Verwaltungsaufwand nach sich ziehen würde und daß sich insbesondere bei Teilabtretungen das Risiko irrtümlicher Leistungen an frühere Gläubiger erhöhen würde.[152] Das Abtretungsverbot vereinfacht also den Zahlungsverkehr und vermeide Falsch- und Doppelzahlungen, wenn der Schuldner nichts von einer Forderungsabtretung wisse.
Auch die Rechtsprechung sieht für eine Gesetzesänderung keine Veranlassung, weil sich die Gläubiger andere Auftraggeber suchen können und grundsätzlich ein schützenswertes Interesse des Schuldners an einem Abtretungsverbot besteht.[153]

---

[149] BGHZ 65, 364, 366; BGHZ 82, 162, 171; BGHZ 93, 391, 399.

[150] Nach Schätzungen des Deutschen Factoring-Verbandes wurden 1992 durch Abtretungsverbote dem Mittelstand Liquidität von mehr als 200 Mrd. DM blockiert.

[151] Depping/Nikolaus DB 1994, 1199, 1203 m.w.N.

[152] Depping/Nikolaus DB 1994, 1199, 1200.

[153] BGHZ 77, 274; BGHZ 102, 293; BGH ZIP 1989, 1132.

Gleichwohl wurde das Abtretungsverbot nach § 399 2. Fall BGB 1994 durch den neuen § 354 a HGB[154] eingeschränkt. Hierbei sind Abtretungsverbote gem. § 399 BGB bei Handelsgeschäften sowie bei juristischen Personen des öffentlichen Rechts und bei öffentlich-rechtlichen Sondervermögen ausgeschlossen. Dabei erhält der Schuldner allerdings das Recht, auch an den bisherigen Gläubiger zahlen zu können, so daß er sich nicht auf wechselnde Gläubiger einstellen muß. Diese Gesetzesänderung soll die Finanzierung für kleine und mittlere Unternehmen erleichtern, indem Geldforderungen aus Warenlieferungen und Dienstleistungen gegenüber der öffentlichen Hand oder aus Handelsgeschäften zur Kreditsicherung zediert werden können.[155]

Bezüglich der Einfügung des § 354 a HGB bestand die Alternative, statt dessen den § 399 2. Fall BGB ersatzlos zu streichen.
Die Regelung wurde jedoch in das HGB und nicht in das BGB aufgenommen, damit keine Bereiche betroffen werden, für die diese Regelungen nicht gelten sollen. Das sind insbesondere die Lohn- und Gehaltsabtretungen sowie die Abtretungen von Rückübertragungsansprüchen im grundpfandlichen Kreditgeschäft. Somit stellt die Aufnahme dieser Vorschrift in das HGB sicher, daß nur der kaufmännische Geschäftsverkehr und der Verkehr der öffentlichen Hand berührt wird. Die Geschäfte der Verbraucher und Arbeitnehmer bleiben von dieser Regelung unberührt.

Mit § 354 a HGB wurde zwingendes Recht geschaffen, nach dem entgegenstehende Vereinbarungen über einen Abtretungsausschluß ausdrücklich

---

154 Wortlaut des neuen § 354 a HGB:

„Ist die Abtretung einer Geldforderung durch Vereinbarung mit dem Schuldner gem. § 399 BGB ausgeschlossen und ist das Rechtsgeschäft, das diese Forderung begründet hat, für beide Teile ein Handelsgeschäft, oder ist der Schuldner eine juristische Person des öffentlichen Rechts oder ein öffentlich-rechtliches Sondervermögen, so ist die Abtretung gleichwohl wirksam. Der Schuldner kann jedoch mit befreiender Wirkung an den bisherigen Gläubiger leisten. Abweichende Vereinbarungen sind unwirksam.“

155 Grundlegend dazu: Bette WM 1994, 1909 ff.; Wagner WM 1994, 2093 ff.

nichtig sind. Abtretungen können daher in den aufgezeigten Bereichen weder einzelvertraglich, noch durch Allgemeine Geschäftsbedingungen ausgeschlossen werden.

Bedenken, daß Interessen von anderen Schuldnern oder Vorlieferanten beeinträchtigt werden, sind nicht ersichtlich.[156]
Nach § 354 a S. 2 HGB erhält der Schuldner das Recht, mit schuldbefreiender Wirkung an seine Lieferanten zahlen zu können, selbst wenn eine Abtretungsanzeige nicht beachtet würde. Der Zahlungsverkehr bleibt übersichtlich und eine Doppelinanspruchnahme ist ausgeschlossen. Der befürchtete Gläubigerwechsel ist für den Schuldner unbeachtlich, so daß auch keine weiteren organisatorischen Probleme auftreten.

Ein weiterer Vorteil ist die verbesserte Stellung des Vorbehaltslieferanten. Dessen Sicherungsmöglichkeit durch den verlängerten Eigentumsvorbehalt konnte bisher durch ein Abtretungsverbot unterlaufen werden. Eine Aufhebung des Abtretungsverbotes bedeutet dagegen, daß der verlängerte Eigentumsvorbehalt vorbehaltlos „sicher" ist, weil der Vorbehaltslieferant nun auch dann seine Absicherung aus dem verlängerten Eigentumsvorbehalt behält, wenn der Schuldner die Abtretung der Forderung ausgeschlossen hat.

Nach der neuen Bestimmung kann der Zessionar allerdings seine Forderung nicht selbst beim Forderungsschuldner geltend machen und einziehen. Er hat lediglich einen Zahlungsanspruch gegen den Zedenten. Doch hierin ist kein Risiko des Zessionars zu sehen, weil die Forderung selbst im Fall der Insolvenz des Zedenten nicht untergehen kann, da diese trotz Abtretungsverbotes dem Zessionar zusteht.
Im Konkursfall des Zedenten fällt die noch nicht erfüllte Forderung nicht in die Masse. Der Zessionar hat vielmehr ein Aussonderungsrecht gemäß § 43 KO.[157] Im Falle des gemäß § 354 a Satz 2 HGB berechtigterweise an den Konkursverwalter gezahlten und noch unterscheidbaren Betrages, steht dem Zessionar ein Ersatzaussonderungsrecht gemäß § 46 KO zu. Bei einer

---

156 Vgl. BT-Drucksache 12/7570.

157 Baumbach/Hopt § 354 a HGB Rn. 1.

Sicherungszession hingegen steht dem Zessionar (z.B. einem Kreditinstitut) nur ein Absonderungs- bzw. Ersatzabsonderungsrecht an dem zur Masse eingezogenen und noch unterscheidbaren Betrag zu (§§ 48, 46 analog KO).[158] Die konkursrechtlichen Vorschriften über anfechtbare Rechtshandlungen und die Unwirksamkeit von Verfügungen zu Lasten der Masse bleiben von § 354 a HGB unberührt. Der Zessionar ist damit für den Ernstfall gesichert.

Im Ergebnis forciert die Aufhebung des Abtretungsverbotes gem. § 354 a HGB den Wegfall des „Diktats der Großen." Der Mittelstand und die kreditgebenden Kreditinstitute sind in ihrer Position gestärkt, da keine Sicherungsmittel mehr blockiert und Forderungen somit zu Finanzierungszwecken voll verwendbar sind. Überzeugende Einwände der Verwender von Abtretungsverboten gegen § 354 a HGB bestehen nicht. Aber es bleibt die Einsicht, daß wichtige Eingriffe in die Vertragsfreiheit durch den Gesetzgeber nicht durch Rechtserwägungen oder gar durch Gesichtspunkte der Gerechtigkeit intendiert sind, sondern durch wirtschaftslenkende Strukturerwägungen.

Die Rechtsprechung zur Priorität, Ermächtigung zur Verfügung und Sittenwidrigkeit bleibt im übrigen unberührt.

### bb) Abtretung von Mietansprüchen

Weder das Schrifttum noch die Rechtsprechung haben sich bisher mit der Frage auseinandergesetzt, ob abgetretene **Mietansprüche** genauso zu beurteilen sind wie Globalzessionen.
Man könnte zu einer anderen Bewertungsregelung als bei Globalzessionen kommen, wenn man sich vergegenwärtigt, daß Mietansprüche in ihrer zukünftigen Entwicklung überschaubar und damit klar umrissen sind. Aus dem Mietvertrag geht die Höhe des Mietzinses und die Dauer des Mietverhältnisses deutlich hervor. Im Gegensatz zu den Globalsicherheiten, wo z.B. bei der Sicherungsübereignung eines Warenlagers mit wechselndem

---

158 Kilger/K. Schmidt § 43 KO Anm. 11 m.w.N.; Kuhn/Uhlenbruck § 48 KO Rn. 24, 24 a, 26.

Bestand oder bei Globalzessionen die Forderungen die Sicherheiten unkontrolliert übersteigen können, bleibt beim Mietanspruch die Forderung konstant.
Die Bewertung der zedierten Mietansprüche könnte aber durch die Tatsache beeinflußt sein, daß abgetretene Mieten nur zukünftige Forderungen beinhalten. Dieser Einwand wäre allerdings Augenwischerei, da die anderen Globalsicherheiten ja gerade auch auf die zukünftigen Forderungen abstellen. Zwar weisen diese Sicherheiten einen gewissen „Grundstock" auf, doch im Gegensatz zu ihnen ist bei Mieten die zukünftige Entwicklung festumrissen.
Von entscheidender Bedeutung bei der Abtretung von Mietansprüchen ist daher, ob der Mietvertrag nach wie vor wirksam besteht. Zwar durchbricht § 571 BGB („Kauf bricht nicht Miete") den Grundsatz, Rechte und Pflichten nur zwischen den am Schuldverhältnis Beteiligten entstehen zu lassen und stellt einen Fall der gesetzlichen Vertragsübernahme dar, doch hilft das hier nicht weiter.
Der Verkauf des Mietobjektes beeinträchtigt die Position des Sicherungsnehmers nur in der Weise, daß die Durchsetzbarkeit der Forderung erschwert würde.
Der Sicherungsnehmer ist nämlich über die Regeln des Prioritätsprinzips geschützt. Eine Offenlegung seines Mietanspruches würde die Sache zwar erleichtern, aber auch die mangelnde Bonität des Vermieters kundtun, der i.d.R. die fällige Miete selbst einzieht.
Die Gefahr, daß Mieter und Vermieter das Mietverhältnis beenden könnten, ist dem Sicherungsnehmer bekannt. Die Unwägbarkeiten, hier auf dem laufenden zu bleiben, müssen sich dann in der Bewertung genauso widerspiegeln, wie das Risiko des Verkaufs der Mietsache.
Aus alledem folgt, daß die Abtretung von Mietansprüchen mit Bewertungsrisiken behaftet ist, jedoch wegen des klar umrissenen Forderungsbestandes die Parallelen zu Singularsicherheiten zu sehen sind. Die Anwendung der vom BGH zu den Globalzessionen entwickelten Grundsätze wäre somit verfehlt. Daher ist die Abtretung von Mietansprüchen auch ohne vereinbarte Bewertungs- und Freigabeklausel möglich.

### cc) Lohnzession

An den zu der Abtretung von Mietansprüchen ausgeführten Gedankengang knüpfen sich nun die Bedenken gegenüber der Rechtsprechung des BGH im Hinblick auf die **Lohnzession** an. Der BGH[159] verlangt bei der Lohn- und Gehaltsabtretung ebenso wie bei der Globalzession die Vereinbarung einer Bewertungs- und Freigabeklausel. Doch ist offensichtlich, daß zumindest bezüglich der Bewertung die Gedanken zur Abtretung von Mietansprüchen vergleichbar sind. Auch hier ist die Höhe der Forderung und der Zeitraum i.d.R. klar umrissen. Das Gehalt steht von vornherein fest, es sei denn, es kommt zu Gehaltserhöhungen. In diesem Fall könnte eine unplanmäßige Übersicherung eintreten. Aber diese Änderung ist wesensimmanent und muß nicht bei der Bewertung, sondern bei der zu gestaltenden Freigabeklausel gelöst werden. Jedenfalls sind die Lohnzessionen eher i.S.v. Singularsicherheiten zu bewerten als i.S.v. Globalsicherheiten. Welche Anforderungen an die Freigabeklauseln gestellt werden müssen, wird an entsprechender Stelle erörtert.

Als Ergebnis bleibt festzuhalten, daß Globalzessionen anhand des aufgegebenen Forderungsbestandes, d.h. zum Nennwert, bewertet werden können.
Der Nennwert wird dann aufgrund von Einwendungen, vorgehenden Rechten und Berücksichtigung der Qualität bei ausländischen Forderungen nach unten korrigiert.[160] Der sich dann darstellende Saldo stellt den realisierbaren Wert dar.[161]

---

159 BGH WM 1989, 1086; BGH WM 1992, 1359; OLG Nürnberg WM 1990, 1572; LG Hannover WM 1991, 68.

160 Rellermeyer WM 1994, 1053, 1054.

161 Abschläge in Höhe von 30 bis 50 % wurden als rechtmäßig erachtet: BGH WM 1991, 1273; BGH WM 1986, 1545.

## 3. Nachträgliche Bewertung von Sicherheiten

Die Übersicherungsproblematik könnte die Frage aufwerfen, inwieweit eine Neubewertung von Sicherheiten möglich ist. Eine solche nachträgliche Korrektur könnte sich nur dann rechtfertigen, wenn die ursprüngliche und im Sicherungsvertrag festgelegte Bewertung der Realität deutlich widerspricht.
Die vorherigen Ausführungen zum realisierbaren Wert und der Sicherheitenbewertung haben verdeutlicht, daß die Ermittlung des Sicherheitenwertes äußerst diffizil ist.
Soweit möglich, werden dabei zukünftige Entwicklungen berücksichtigt. Daß man nicht auf alle Eventualitäten vorbereitet sein kann, versteht sich. Insbesondere in Rezessionszeiten können Märkte wegbröckeln und Absatzmöglichkeiten einbrechen und somit Preise rapide verfallen. Es stellt sich daher die Frage, ob in solchen Situationen, die bei Vertragsschluß außerhalb der Wahrscheinlichkeit lagen, Neubewertungen möglich sind.
Dabei ist zunächst zu differenzieren, welche Vertragspartei überhaupt eine Neubewertung anstrebt.
Der Sicherungsnehmer würde bei einem Preisverfall das Interesse auf Sicherheitenverstärkung haben, da er wertmäßig unterbesichert wäre. Diese Konstellation steht nicht im Zusammenhang mit der Übersicherungsproblematik und kann daher in diesem Zusammenhang vernachlässigt werden.
Anders sieht es hingegen bei einem Preisanstieg aus. Der Sicherungsgeber hätte dann dem Sicherungsnehmer über Gebühr Sicherheiten bestellt, die gegebenenfalls die Forderungen übersteigen, so daß eine Übersicherung vorliege. Dieser Fall ist jedoch nicht Anwendungsmaßstab für eine Neubewertung, sondern vielmehr für eine Sicherheitenfreigabe, die eine bessere wirtschaftliche Bewegungsfreiheit des Sicherungsgebers zu Folge hätte.
Aus alledem folgt, daß das Problem der Neubewertung im Zusammenhang mit der Übersicherung keine Berücksichtigung findet.[162]

---

162 Ausführlich zur Neubewertung siehe: Rellermeyer WM 1994, 1009, 1020 f.

## III. Höhe der zulässigen Übersicherungsmarge

Die Freigabe von Sicherheiten muß nach der Rechtsprechung erst dann einsetzen, wenn der Wert der Sicherheiten deutlich über dem Wert der gesicherten Forderung liegt. Einigkeit besteht in Rechtsprechung, Literatur und vor allem in der Praxis darüber, daß eine Freigabeverpflichtung nicht schon bei der noch so geringsten Übersicherung bestehen darf. Denn es kann nicht angehen, daß geringste Bewertungsirrtümer oder Wertschwankungen bei gestellten Sicherheiten sofort eine unzulässige Übersicherung zur Folge haben. Es führt also nicht jede Übersicherung sofort zur Unangemessenheit der Sicherungsvereinbarung.

Entscheidend ist schließlich die Frage, ab wann von einer rechtlich unzulässigen Übersicherung gesprochen werden muß. Es ist also zu klären, wie hoch die Marge, d.h. die Übersicherung der Forderungen des Sicherungsnehmers sein darf.
Aufgrund der vielfältigen Besonderheiten des Einzelfalles - man denke an die unterschiedlichsten Branchen und Sicherungsmittel - läßt sich kaum ein einheitlicher Wert für eine erlaubte Übersicherung festlegen. Eine dogmatische Einordnung der Deckungsgrenze im Verhältnis zu Übersicherungsmargen fehlt bis jetzt. Genauso fehlen wissenschaftliche Aussagen, die eine einheitliche Beurteilung von Sicherungsmargen und Sicherungsabschlägen nach Nr. 16 Abs. 2 AGB-Banken zulassen. Aufgrund der Einzelfallbeurteilung herrscht weitgehend Richterrecht.
Dennoch ist es schon wegen der Rechtssicherheit und zur Vermeidung vorprogrammierter Streitigkeiten geboten, gewisse Orientierungsgrößen vorzugeben. Hierbei müssen nicht nur vorrangige Drittrechte miteinbezogen werden, sondern auch die Faktoren, die sich aufgrund von Vermischung, Verarbeitung und Umgestaltung ergeben. Auch die Tatsachen, die sich durch Verbindung mit anderen Sicherheiten oder Gütern z.B. durch Einbau ergeben, sind zu berücksichtigen.
Ob in solchen Fällen nicht ganz auf die Hereinnahme eines so belasteten Sicherungsgutes verzichtet werden muß, ergibt sich aus dem Einzelfall. In Fällen, wo belastete Sicherungsmittel das einzige Aktivum des Kreditnehmers darstellen, müssen Regelungen gefunden werden, die zumindest eine bestimmungsgemäße Verwendung gewährleisten. Um den kompletten

Sicherungsverlust zu verhindern, kann man dann nur noch Abtretungsansprüche gegen den jeweiligen Begünstigten formulieren. Zunächst wird jedoch die Ermittlung des realisierbaren Wertes angestrebt. In Rechtsprechung und Schrifttum ist allerdings die Höhe der vermeintlich zulässigen Übersicherungsmarge umstritten.

## 1. Die Entwicklung der Rechtsprechung zur Höhe der Übersicherungsmarge

Die wohl erste Entscheidung des BGH[163] bezüglich einer Freigabeklausel befaßte sich mit einem verlängerten und erweiterten **Eigentumsvorbehalt**. Hierbei sollte die Freigabepflicht für den Fall eingreifen, daß die bestehende Sicherheit die zu sichernde Forderung um 25 % überstieg. Der BGH hat diese Regelung damals für unbedenklich gehalten, wobei Beachtung finden muß, daß mangels AGB-Gesetzes lediglich § 138 BGB den Prüfungsmaßstab der Sittenwidrigkeit bildete.

In weiteren Entscheidungen zu Übersicherungsmargen bei erweitertem und verlängertem Eigentumsvorbehalt bestätigte der BGH Übersicherungsmargen in Höhe von 20 %.[164] Der BGH hielt die 20 %-Klausel deshalb für angemessen, da der Aufschlag hälftig mit Zinsen und Rechtsverfolgungskosten und zur anderen Hälfte mit dem Risiko des Wertverlustes der unter Eigentumsvorbehalt gelieferten Ware begründet wurde.[165]

Insbesondere der VIII. Zivilsenat des BGH hat diese Rechtsprechung mehrfach bestätigt und gleichzeitig betont, daß es bei der Übersicherungsmarge von 20 % auf den realisierbaren Wert der Sicherheit ankomme.[166]

---

163 BGHZ 26, 185.

164 BGH WM 1969, 1072; BGH WM 1977, 1353; BGH WM 1978, 1208; so auch für die Sicherungsübereignung: BGH WM 1995, 1264, 1267.

165 BGH WM 1985, 605.

166 BGH WM 1990, 1389; BGHZ 120, 300; BGH WM 1994, 585.

Nach Ansicht des BGH[167] hält eine **Globalzession** der Inhaltskontrolle dann stand, wenn eine Freigabepflicht besteht, sobald der Nennbetrag der abgetretenen Forderung die Kreditsumme um 50 % übersteigt. Den scheinbaren Widerspruch zur 20 %-Klausel begründet der BGH damit, daß es für den Wert der Sicherheiten nicht auf den Nennbetrag ankomme, sondern auf den bei der Verwertung realisierbaren Wert, der bei Globalzessionen in aller Regel weit unter dem Nennbetrag liegt.[168]

Zusammenfassend läßt sich folgendes sagen:
Nach der Rechtsprechung sind Freigabeklauseln noch angemessen, wenn die Deckungsgrenze 120 % des realisierbaren Wertes der Sicherheiten bzw. 150 % des Nennwertes der abgetretenen Forderungen bei Globalzessionen nicht überschreitet.

## 2. Ansicht der Literatur zur Höhe der Übersicherungsmarge

Das Schrifttum nimmt mehrheitlich schon dann eine Übersicherung an, wenn die Sicherheit den realisierbaren Wert der Sicherheit um 10 % übersteigt.[169] Die 10 %-Klausel läßt sich auf die Überprüfung von Konditionsempfehlungen des Bundeskartellamtes zurückführen.[170]
Der BGH sieht indes keine Anhaltspunkte dafür, daß sich diese Praxis ohne weiteres auf die Angemessenheitsprüfung nach § 9 AGBG übertragen läßt. Nach seiner Beurteilung kann bei einem Spielraum von 10 % überhaupt noch nicht von einer Übersicherung gesprochen werden, da mögliche

---

167 BGH ZIP 1987, 85, 89; BGH ZIP 1989, 1319, 1320; BGHZ 120, 300, 302; BGH WM 1991, 1273.

168 BGHZ 109, 240; BGHZ 120, 300, 302; BGH WM 1991, 1273; eine Überdeckung von 20 %, bezogen auf den realisierbaren Wert der abgetretenen Forderungen, hat der BGH in mehreren Entscheidungen gebilligt: BGH WM 1993, 213, 216; BGH WM 1995, 1264, 1267.

169 Wolf, FS für Baur, S. 147, 165 f.; v. Westphalen DB 1985, 425, 430; a.A. Rellermeyer WM 1994, 1009, 1011.

170 BT-Drucksache 8/2980, S. 40.

Ansprüche des Gläubigers dadurch nicht gedeckt werden. Die Kosten für Zinsen und Rechtsverfolgung bleiben nämlich nach Auffassung der Rechtsprechung[171] unberücksichtigt, während diese Kosten nach der Literaturansicht bereits bei der Bestimmung der Höhe der Gesamtkreditforderung enthalten sind.[172]
Eine besondere Bewertung ergibt sich bei der **Grundschuld**. Hierbei ist für die Besicherung der sogenannte Beleihungswert (i.S.v. § 12 HGB) die entscheidende Größe. Der Beleihungswert ist mit Rücksicht auf den längerfristigen Sicherungszweck ein auf die Zukunft prognostizierter Wert, der die Verkaufsfähigkeit wiedergibt.[173] Aus diesem Grund erscheint auch hier das Restrisiko nur bei 10 % zu liegen, so daß die Übersicherungsmarge in eben dieser Höhe anzusetzen ist.

Es bleibt festzuhalten, daß die von Rechtsprechung und Literatur unterschiedlich beurteilten Übersicherungsmargen lediglich auf die verschiedenen Berechnungsmethoden zurückzuführen sind. Unterschiede in der Bewertungshöhe sind hingegen nur marginal.
Auf die branchenspezifischen Besonderheiten des Einzelfalls ist jedenfalls nur bei der Bewertung der jeweiligen Sicherheit einzugehen. Die Übersicherungsmarge darf hiermit nicht verwechselt werden. Für sie muß aus Gründen der Rechtssicherheit eine feste Orientierungsgröße bestimmt werden, um der generalisierenden Betrachtungsweise i.S.v. § 9 AGBG gerecht zu werden. Ein Sicherheitsaufschlag von 20 %, der mit Verzugs-, Verwertungs- und sonstigen Nebenkosten begründet wird, ist nicht zu beanstanden.[174] Dabei handelt es sich allerdings um einen Pauschalabschlag, der u.U. unter Berücksichtigung besonderer Interessen der Beteiligten, auch für Veränderungen zugänglich sein muß. Das ist z.B. der Fall, wenn einer Sicherungszession der Nennwert zugrunde liegt. Der zu erzielende Erlös im

---

171 BGHZ 94, 105 = BGH NJW 1985, 1836, 1838.

172 Ulmer/Brandner/Hensen Anh. §§ 9-11 Rn. 658; Lambsdorff ZIP 1986, 1524, 1530.

173 Zur Bewertung siehe oben 1. Kapitel, B.II.2.b).

174 So im Ergebnis auch Nr. 22 Abs. 2 AGB-Sparkassen n.F.

Verwertungsfall liegt dann regelmäßig deutlich unter dem Nennwert, so daß dann eine Übersicherungsmarge von 50 % als angemessen erscheint.[175]

[175] Bülow ZBB 1990, 29, 31; Lauer ZBB 1992, 310, 312.

# 2. Kapitel
# Freigabe von Kreditsicherheiten

## A. Sinn und Zweck von Freigabeklauseln

Alle Kreditgeber, seien es Waren- oder Geldkreditgeber, sind bestrebt, ihr Kreditrisiko weitestgehend zu minimieren. Die Hereinnahme von Sicherheiten soll das mögliche Ausfallrisiko der Kreditnehmer abdecken.
Auf der anderen Seite fürchtet der Kreditnehmer bei übertriebener Kreditsicherung um seine wirtschaftliche Bewegungsfreiheit durch eine unangemessene Übersicherung.
Ein Beispiel verdeutlicht dieses Spannungsfeld: Bleibt ein verlängerter Eigentumsvorbehalt so lange bestehen bis sämtliche Forderungen des Vorbehaltsverkäufers getilgt sind, kann der Wert der im voraus abgetretenen Kundenforderungen des Käufers außer Verhältnis zu den noch offenen Forderungen des Vorbehaltsverkäufers stehen.[176] Eine solche Übersicherung führt zur Nichtigkeit der Sicherheitenbestellung gem. § 138 Abs. 1 BGB.[177]
Um einer Gefahr der Übersicherung und damit einer nichtigen Sicherheitenstellung zu entgehen, stellt sich die Frage, inwieweit sich Übersicherungen rechtzeitig vermeiden lassen. Das könnte mit Hilfe sogenannter Freigabeklauseln geschehen.
Freigabeklauseln sind Vereinbarungen im Rahmen eines Sicherungsverhältnisses, nach denen der Sicherungsgeber Sicherheiten bei Absinken des gesicherten Risikos freigibt.[178]
In der Regel verhindert aber schon der sich aus dem Sicherungsvertrag ergebende Freigabeanspruch die Übersicherung. Dabei entspricht es dem Willen verständiger Vertragsparteien (§§ 133, 157, 242 BGB), daß die Sicherheiten freizugeben und auf den Sicherungsgeber zurückzuübertragen sind, wenn der Verbleib beim Sicherungsnehmer nicht mehr gerechtfertigt

---

176 Neuhof NJW 1993, 2840.

177 Palandt-Heinrichs § 138 Rn. 19 und 20.

178 Serick, Bd. II, § 18 II 3 und Bd. III, § 30 VII 2 b.

ist.[179] Die inhaltlichen Anforderungen bestimmen sich dann nach billigem Ermessen (§ 315 BGB).[180]
Demnach bedarf es keiner ausdrücklichen Freigabeverpflichtung im Sicherungsvertrag. Diese ergibt sich vielmehr schon aus Treu und Glauben (§§ 157, 242 BGB). Das Fehlen einer Freigabeklausel muß daher nicht zwingend zur Unwirksamkeit einer Sicherungsvereinbarung führen.[181]
Nach der Rechtsprechung des BGH gilt das aber nur für die Sicherheiten, die keine zusätzlich definierte Bezugsgröße zur Wertermittlung benötigen, damit die Durchsetzbarkeit des Freigabeanspruchs auch gewährleistet werden kann.
Aus diesem Grunde fordert der BGH in nun ständiger Rechtsprechung[182] Freigabeklauseln zumindest bei den Globalsicherheiten.
Dieses Wirksamkeitserfordernis einer klauselmäßigen Freigabeverpflichtung wurde ursprünglich im Zusammenhang mit dem erweiterten und verlängerten Eigentumsvorbehalt entwickelt.[183]

Nach Auffassung des BGH besteht der Sinn und Zweck einer Freigabeklausel in der Verhinderung einer unangemessenen Übersicherung.[184] Die vereinbarten Bedingungen müssen in generalisierender Betrachtung unter Berücksichtigung der typischen Interessen der Beteiligten eine unverhältnismäßige Übersicherung durch geeignete Ausgestaltung der Geschäftsbedingungen „von vornherein" ausschließen.[185]

---

179 BGH WM 1994, 419, 420 m.w.N.

180 Ganter ZIP 1994, 257, 259.

181 BGH WM 1994, 419, 420; siehe zum vertraglichen Freigabeanspruch gem. §§ 133, 157, 242 BGB auch 2. Kapitel, C.III.1.

182 BGH WM 1985, 605; BGH WM 1993, 139; BGH WM 1986, 1545; BGH WM 1990, 51; BGH WM 1992, 813.

183 BGH WM 1985, 605.

184 BGH WM 1985, 605, 607.

185 BGH ZIP 1987, 85, 87.

Dabei soll die Zurückführung der Sicherheiten auf einen angemessenen Umfang durch Freigabeklauseln erreicht werden. Die Freigabeklauseln sind bei objektiver Auslegung so zu verstehen, daß der Sicherungsnehmer die Sicherheiten freigeben muß, sobald und solange die Summe der ihm von dem Sicherungsgeber gewährten Sicherheit die Gesamtforderung aus dem Grundgeschäft nicht nur vorübergehend übersteigt.
Freigabeklauseln stellen somit lediglich ein Recht dar, aufgrund dessen der Sicherungsgeber die Freigabe der entsprechenden Sicherheiten verlangen kann. Schon die Möglichkeit, einen solchen Anspruch geltend zu machen, gewährleistet die rechtmäßige Sicherheitenstellung, und zwar unabhängig davon, ob der Sicherungsgeber den Anspruch geltend macht oder nicht.

Welche Anforderungen die Rechtsprechung an die Freigabeklauseln nun genau stellt, ist Gegenstand dieser Untersuchung. Dabei wird insbesondere hinterfragt, ob diese Anforderungen ausreichen oder gar überflüssig sind.

## B. Überblick über die unterschiedlichen Freigabeklauseln

### I. Dingliche und schuldrechtliche Freigabeklauseln

#### 1. Die dingliche Freigabeklausel

Der *dingliche* Freigabeanspruch findet seine Ausgestaltung in einer Eigentumsübertragung unter auflösender Bedingung i.S.v. §§ 929 S. 2, 158 Abs. 2 BGB. Dabei ist das Wirksambleiben des Rechtsgeschäfts vom Eintritt eines künftigen, ungewissen Ereignisses abhängig (§ 158 Abs. 2).
Bei der Ausgestaltung der Freigabeklausel vereinbaren die Vertragsparteien im Wege einer antizipierten Einigung, daß bei einer eintretenden Übersicherung bzw. einer Kredittilgung die nicht mehr benötigten Sicherheiten sofort in das Eigentum des Sicherungsgebers übergehen.
Ob nun eine auflösende oder eine aufschiebende Bedingung i.S.v. § 158 Abs. 1 BGB[186] vorliegt, ist Auslegungsfrage. Teilweise hilft dabei das

---

186 So wohl eher Göbel, S. 124.

Gesetz mit Auslegungsregeln weiter (vgl. §§ 455, 495 Abs. 1 S. 2, 2075 BGB).

## 2. Die schuldrechtliche Freigabeklausel

Ein *schuldrechtlicher* Freigabeanspruch entsteht aufgrund vertraglicher Vereinbarung oder aus der gesetzlich geregelten ungerechtfertigten Bereicherung gem. § 812 BGB. Danach wird eine Verpflichtung zur Rückgabe überschießender Sicherheiten in der Form eines Rückübereignungs- oder eines Rückabtretungsanspruches begründet.
Das bedeutet z.B. für den Eigentumsvorbehalt, daß der Vorbehaltskäufer nach vollständiger Bezahlung nur dann auch Eigentum an der Vorbehaltslieferung erhält, wenn der Vorbehaltsverkäufer der schuldrechtlichen Verpflichtung zur Eigentumsübertragung auch nachkommt.

## 3. Gegenüberstellung der dinglichen und der schuldrechtlichen Freigabeklausel

Die dingliche Freigabeklausel enthält mit ihrer auflösenden Bedingung eine Nebenabrede zum eigentlichen Rechtsgeschäft des Kreditsicherungsvertrages.
Die dingliche Ausgestaltung hat den Vorteil, daß der Sicherungsgeber begünstigt wird, weil er bei einer eintretenden Übersicherung ohne weiteres Eigentümer der überschüssigen Sicherheiten wird. Der Eintritt der auflösenden Bedingung hat also ex nunc-Wirkung.[187] Allerdings können die Parteien gem. § 159 BGB auch schuldrechtliche Rückwirkungen vereinbaren. Das ist z.B. dann relevant, wenn aus sicherungsübereigneten Sachen Fruchtziehungen möglich sind.[188]

---

187 Larenz AT § 25 III a).

188 Beispiel: Es wird ein Pferd unter Eigentumsvorbehalt gem. § 455 BGB verkauft. Bekommt das verkaufte Pferd vor vollständiger Kaufpreiszahlung ein Fohlen, so ist der Verkäufer des Pferdes gem. § 953 BGB Eigentümer des Fohlens. Eine Parteivereinbarung, daß der Bedingungseintritt auf den Vertragsabschluß

Gegenüber der dinglichen Freigabeklausel muß bei der schuldrechtlichen Freigabeklausel der Anspruch des Sicherungsgebers erst noch geltend gemacht werden. Dabei ist aber kaum anzunehmen, daß eine Geschäftsbeziehung mit der Durchsetzung eines schuldrechtlichen Freigabeanspruchs belastet wird. Mit einer gerichtlichen Durchsetzung des Freigabeanspruchs ist wohl nur in Krisenzeiten zu rechnen. Man könnte die schuldrechtliche Freigabeklausel daher auch als typische Krisenklausel bezeichnen, die ihre Wirkung regelmäßig erst im Konkurs entfaltet.[189]
Die schuldrechtliche Freigabeklausel wird jedoch in der Praxis bevorzugt.[190] Das ist in erster Linie auf sachenrechtliche Probleme zurückzuführen. Es bestehen Schwierigkeiten, dem sachenrechtlichen Bestimmungserfordernis zu entsprechen. Wie bei jeder Übereignung ist die Bestimmtheit der zu übereignenden Sache von besonderer Bedeutung. Jeder, der die Vereinbarungen der Vertragspartner kennt, muß die übereigneten Sachen ohne Schwierigkeiten von anderen unterscheiden können.[191]
Diese Problematik wird bei Warenlagern mit wechselndem Bestand besonders deutlich. Hier stellt sich bei mehreren Einzellieferungen und der Zahlung nur eines Teilbetrages die Frage, welche Gegenstände nun aus welcher Lieferung übereignet sind. Kompliziert ist auch der Sachverhalt, bei dem die Höhe der Übersicherung nur einen Teil des Wertes der Lieferung ausmacht. Möglicherweise sind die Gegenstände auch überhaupt nicht teilbar.
Gegen eine auflösend bedingte Sicherungsübereignung spricht darüber hinaus das vorrangige Interesse eines Kreditinstitutes an einem Schutz vor unberechtigten Verfügungen des Sicherungsgebers. Das könnte dann der Fall sein, wenn dem Kreditgeber noch Forderungen gegen den

---

zurückwirken soll, hat zwar auf die dingliche Rechtslage keinen Einfluß, jedoch besteht gem. § 159 BGB ein schuldrechtlicher Anspruch zu Gunsten des Käufers auf Übereignung des Fohlens.

189 Lambsdorff ZIP 1986, 1524, 1526.

190 MüKo-Quack Anh. §§ 929-936 Rn. 109.

191 BGH NJW 1984, 803.

Sicherungsgeber zustehen und dieser in einer solchen Situation über das Sicherungsgut zu Lasten des Kreditinstitutes verfügen würde.[192]
Im Ergebnis ist es aufgrund des sachenrechtlichen Bestimmtheitserfordernisses geboten, der schuldrechtlichen Lösung den Vorzug zu geben. Nur dann kann eindeutig festgestellt werden, wie hoch die tatsächliche Übersicherung ist, sowie welche Gegenstände bereits bezahlt sind und gleichzeitig der Höhe der Übersicherung entsprechen.[193]

## II. Einfache und qualifizierte Freigabeklauseln

### 1. Die einfache Freigabeklausel

Die *einfache* Freigabeklausel verpflichtet den Sicherungsnehmer bei nicht nur vorübergehender Übersicherung, die Sicherheiten auf Verlangen des Sicherungsgebers nach billigem Ermessen (§ 315 BGB) freizugeben.
Eine solche Klausel haben die Banken und Sparkassen früher in ihren Allgemeinen Geschäftsbedingungen (Nr. 19 Abs. 6 AGB-Banken a.F. bzw. Nr. 21 Abs. 4 AGB-Sparkassen a.F.) und Sicherungsverträgen verwendet.
Die einfache Freigabeklausel ist eine schuldrechtliche Freigabeklausel, da die Sicherheiten erst auf Verlangen des Sicherungsgebers freigegeben werden müssen.

### 2. Die qualifizierte Freigabeklausel

Der VIII. Senat des BGH[194] hat am 29. November 1989 die einfache Freigabeklausel als unzureichend abgelehnt und eine *qualifizierte* Freigabeklausel gefordert.
Der IX. Senat des BGH hält mit seinen beiden Entscheidungen vom 13. Januar 1994[195] zumindest bei Globalsicherheiten am Erfordernis einer

---

192 Vgl. Kümpel Rn. 6.341 m.w.N.

193 Vgl. Göbel, S. 126.

194 BGH WM 1990, 51; BGH ZIP 1990, 25; BGHZ 109, 240.

195 BGH WM 1994, 414 ff.; BGH WM 1994, 419 ff.

qualifizierten Freigabeklausel fest. Danach enthält diese Freigabeklausel eine zahlenmäßig bestimmte Deckungsgrenze und eine ausdrückliche Freigabeverpflichtung, wenn die Deckungsgrenze nicht nur vorübergehend überschritten ist.
Um die Durchsetzbarkeit des Freigabeanspruches auch bei Warenlagern mit wechselndem Bestand zu gewährleisten, ist des weiteren noch eine Bezugsgröße zu vereinbaren, die die Berechnung des Sicherheitenwertes erleichtert.[196]
Im Gegensatz zur einfachen Freigabeklausel kann die qualifizierte Freigabeklausel sowohl als schuldrechtliche sowie als dingliche Freigabeklausel vereinbart werden.

## C. Die inhaltlichen Anforderungen an die Freigabeklauseln anhand der Rechtsprechung des BGH

Im folgenden wird ein Überblick darüber gegeben, wie sich die höchstrichterliche Rechtsprechung zur Freigabe von Kreditsicherheiten entwickelt hat. Dabei wird anhand der gängigen Kreditsicherungsarten das Übersicherungsproblem im Zusammenhang mit der jeweiligen Rechtsprechung diskutiert. Die Auswirkungen der Rechtsprechung auf das Kreditsicherungsrecht und die sich daraus ergebenden notwendigen Lösungswege werden im Anschluß gebracht.

### I. Rechtsprechungsübersicht bis zum 29. November 1989

#### 1. Die Entwicklung der Rechtsprechung bis zu den Grundsatzurteilen von 1989

Die erste Entscheidung des Bundesgerichtshofs,[197] die sich mit Freigabeklauseln befaßte, erging am 25. Oktober 1952.

---

196 BGH WM 1992, 813, 815.

197 BGHZ 7, 365 = BGH NJW 1953, 21.

Bei diesem Urteil ging es um einen verlängerten **Eigentumsvorbehalt**, dem in den Allgemeinen Verkaufs- und Lieferbedingungen u.a. folgende Klausel zugrunde lag:
„... Übersteigt der Wert der uns gegebenen Sicherung unsere Lieferantenanforderungen insgesamt um mehr als 20 %, so sind wir auf Verlangen des Käufers insoweit zur Rückübertragung verpflichtet."
Die maßgebliche Frage, die das Gericht zu klären hatte, war, ob es Anhaltspunkte dafür gab, daß der Vorbehaltskäufer durch die Vorausabtretung in seiner wirtschaftlichen Bewegungsfreiheit übermäßig beschränkt wurde. Problematisch war hier insbesondere, daß die beim Weiterverkauf der Ware an einen Dritten entstehende Abtretung nicht nur die Höhe des Wertes der Vorbehaltsware umfaßte, sondern auch den Gewinnanteil und das Arbeitsentgelt des Vorbehaltskäufers.
Das Gericht brachte in dem Urteil deutlich zum Ausdruck, daß gerade durch die Freigabeklausel der „Käufer der Vorbehaltswaren in seiner wirtschaftlichen Bewegungsfreiheit nicht übermäßig beschränkt" ist.[198] Insofern verneinte das Gericht einen Verstoß der **Globalzession** gegen den damals allein in Betracht kommenden Prüfungsmaßstab der Sittenwidrigkeit gemäß § 138 BGB.
Bemerkenswert an dieser Entscheidung des BGH ist, daß schon im ersten Urteil über Freigabeklauseln zwei maßgebliche Voraussetzungen für Freigabeklauseln aufgestellt wurden. So wurde verlangt, daß die zu sichernde Forderung und das Sicherungsmittel durch die Festlegung einer Übersicherungsmarge in ein zahlenmäßiges Verhältnis zu setzen sind und daß eine ausdrückliche Freigabeverpflichtung des Sicherungsnehmers bei überschießender Sicherheitenstellung vorzuliegen hat.
In einer weiteren Entscheidung[199] vom 16. Dezember 1957 verneinte der BGH abermals einen Vorstoß gegen § 138 BGB. Das Urteil betraf eine auf einem verlängerten und erweiterten **Eigentumsvorbehalt** beruhende **Globalzession**. Im Unterschied zum vorherigen Urteil[200] war die Freigabe erst dann vorgesehen, wenn die Sicherheit die zu sichernde Forderung um

---

[198] BGHZ 7, 365, 370.

[199] BGHZ 26, 185 = BGH WM 1958, 252.

[200] BGHZ 7, 365.

25 % überstieg. Des weiteren wurde die Freigabeverpflichtung nicht so deutlich zum Ausdruck gebracht wie im vorherigen Urteil[201] („... zur Rückübertragung verpflichtet."). Die Formulierung „ ... wird ... freigegeben" wurde trotzdem als ausreichend erachtet. In der Urteilsbegründung wurde auf diese Unterschiede im Sachverhalt nicht eingegangen, sondern vielmehr die Argumentation aus BGHZ 7, 365 übernommen und ausdrücklich auf dieses Urteil verwiesen.[202]
Zusammenfassend läßt sich sagen, daß der BGH in seinen Entscheidungen vom 25. Oktober 1952 und vom 16. Dezember 1957 den Freigabeklauseln eine besondere Bedeutung in dem Sinne zugesprochen hat, als daß es ohne sie zu einer sittenwidrigen Übersicherung kommen könnte. Diese Rechtsprechung hat der BGH in weiteren Entscheidungen[203] bestätigt, wobei es sich jeweils um Übersicherungsmargen in Höhe von 20 % handelte.

Nachdem der BGH die Bedeutung der Freigabeklausel hervorgehoben hatte, mußte die Entscheidung des VII. Senats des BGH[204] vom 30. Mai 1960 verwirren.
In dieser Entscheidung wurde eine **Globalzession** aufgrund eines verlängerten **Eigentumsvorbehalts** *nicht* gemäß § 138 BGB für sittenwidrig erklärt, obwohl die Lieferungs- und Zahlungsbedingungen des Sicherungsnehmers keine ausdrückliche Freigabeklausel beinhalteten.
Der BGH begründet seine Entscheidung damit, daß hier ein anderer Sachverhalt zugrunde liegt. Bei den Urteilen aus den Jahren 1952 und 1957 habe es sich um Lieferungen von zur Verarbeitung bestimmter Waren gehandelt, und die Abtretungen haben sich auf die gesamten Forderungen aus den Veräußerungen der verarbeiteten Waren bezogen.[205]
Im Gegensatz dazu wurden in dem Urteil von 1960 nur Fertigwaren geliefert, die unverarbeitet weiterveräußert worden seien.

---

[201] BGHZ 7, 365.

[202] BGHZ 26, 185, 191.

[203] BGH WM 1969, 1072; BGH WM 1977, 1353; BGH WM 1978, 1208.

[204] BGH WM 1960, 855 = BGH NJW 1960, 1712.

[205] BGH WM 1960, 855, 857.

Daraus ergebe sich die Konsequenz, so der BGH,[206] daß durch die eingeräumte Weiterveräußerungsbefugnis kaum eine Übersicherung drohe, denn der Händler erwirbt die Waren nicht, um sich ein wertvolles Lager anzulegen, sondern um die Waren möglichst bald wieder zu verkaufen.
Sollte es dennoch zu einem groben Mißverhältnis zwischen der Höhe der Sicherheiten und der Restschuld des Händlers kommen, so leitet der BGH[207] den Freigabeanspruch auch ohne ausdrückliche Freigabeklausel aus dem Grundsatz von Treu und Glauben her (§ 242 BGB). Auf diese Weise ergebe sich eine gerechte Einschränkung des erweiterten Eigentumsvorbehalts, der „wie jedes Recht nicht mißbräuchlich ausgeübt werden darf."
Der BGH hatte nun erstmals zum Ausdruck gebracht, daß eine Sicherungsvereinbarung auch ohne ausdrückliche Freigabeverpflichtung keine Sittenwidrigkeit begründen würde. Der judizierende VII. Senat des BGH bestätigte seine Rechtsprechung in zwei weiteren Urteilen[208] mit den gleichen Argumenten, ohne jedoch den Grundsatz von Treu und Glauben explizit zu nennen.

Durch das Inkrafttreten des AGB-Gesetzes am 1. April 1977 gilt für formularmäßig vereinbarte Kreditverträge vorrangig der strengere Maßstab von § 9 Abs. 1 AGBG. Danach wird jetzt in erster Linie geprüft, ob eine Übersicherung den Sicherungsgeber entgegen den Geboten von Treu und Glauben *unangemessen benachteiligt*, und zusätzlich, ob die Übersicherung gemäß § 138 BGB im Einzelfall sittenwidrig ist.[209]

Der VIII. Senat des BGH hat in einer vielbeachteten Entscheidung[210] am 20. März 1985 erstmals zu einer Freigabeklausel unter Bezugnahme von § 9 Abs. 1 AGBG Stellung genommen. Bei dieser Entscheidung ging es um einen verlängerten **Eigentumsvorbehalt** und um die Veräußerung von zur Verarbeitung bestimmter Ware. In den zugrundeliegenden Allgemeinen

---

206 BGH WM 1960, 855, 856.

207 BGH WM 1960, 855, 856 f.

208 BGH WM 1965, 84, 85; BGH WM 1966, 13, 15.

209 Zu dieser Problematik vergleiche bereits oben 1. Kapitel, A.II.

210 BGHZ 94, 105 = BGH WM 1985, 605.

Geschäftsbedingungen hatte sich der Lieferant das Eigentum auch an bezahlten Lieferungen bis zum Ausgleich der Gesamtforderung aus der Geschäftsbeziehung vorbehalten und sich Forderungen aus der Veräußerung in voller Höhe, d.h. inklusive Gewinnanteil und Arbeitsentgelt, abtreten lassen. In der Freigabeklausel hatte sich der Lieferant bereit erklärt, bei einer Übersicherung von mehr als 20 % die überschüssigen Sicherheiten freizugeben.

Der BGH betont in dieser Entscheidung nochmals, daß eine unbeschränkte Vorausabtretung der Weiterverkaufsforderung zulässig ist, sofern der Übersicherung vorgebeugt wird.[211]

Dafür würde eine schuldrechtliche Freigabeklausel ausreichen.[212] Das Bemerkenswerte an dieser Entscheidung ist die Aussage, daß eine derartige Freigabeklausel eine unangemessene Übersicherung verhindert,[213] und somit einer Inhaltskontrolle von § 9 Abs. 1 AGBG standhält.

Besondere Tragweite erhält die Entscheidung allerdings aufgrund zweier anderer Tatsachen. Erstmals hat der BGH ausdrücklich eine bestimmte Art der Sicherheitenfreigabe gebilligt. Im Gegensatz zu den Globalzessionen zugunsten eines Kreditinstitutes bedarf es keiner *dinglichen* Verzichtsklausel,[214] sondern es genügt vielmehr eine *schuldrechtliche* Freigabeklausel.[215]

Des weiteren ist bei dieser Entscheidung hervorzuheben, daß sie an die Rechtsprechung von 1952[216] und 1957[217] angeknüpft und die Rechtsprechung aus den sechziger Jahren[218] außer acht läßt.

Das vorliegende Urteil weicht insoweit von der vorherigen Rechtsprechung ab, als vormals das Fehlen einer Freigabeklausel die Wirksamkeit der

---

211 BGHZ 94, 105, 113.

212 BGHZ 94, 105, 115.

213 BGHZ 94, 105, 113.

214 BGHZ 72, 308.

215 BGHZ 94, 105, 115.

216 BGHZ 7, 365.

217 BGHZ 26, 185.

218 BGH NJW 1960, 1712; BGH WM 1965, 84; BGH WM 1966, 13.

Sicherungsvereinbarung ermöglichte. Die Differenzierung des BGH nach der Art des Sicherungsmittels, nämlich ob es sich um eine Lieferung zur Verarbeitung bestimmter Ware oder nicht weiter zu verarbeitende Ware handelt, ist dabei nicht nachvollziehbar. Denn es bleibt die Frage unbeantwortet, warum nicht gerade dort eine Freigabeklausel vorliegen muß, wo der Sicherungsgeber noch weniger Rechte hat. Das ist offensichtlich dann der Fall, wenn der Sicherungsgeber die Sicherungsmittel nicht weiterverarbeiten darf, sondern diese Ware lediglich durchhandelt.

Das Urteil vom 20. März 1985 steht mit den vorhergehenden Urteilen des BGH somit nicht im Einklang. Vielmehr ist schon zum zweiten Mal eine Abkehr von der vormaligen Rechtsprechung festzustellen. Wie diese sich widersprechenden BGH-Meinungen zu harmonisieren sind, bleibt durch die höchstrichterliche Rechtsprechung bislang unbeantwortet.

Die Entscheidung des VIII. Senats des BGH vom 8. Oktober 1986[219] knüpfte allerdings wieder unmittelbar an die vorhergehende Entscheidung vom 20. März 1985 an.
In dieser maßgeblichen Entscheidung hatte der BGH erstmals über einen erweiterten und verlängerten **Eigentumsvorbehalt** zu befinden, dem keine Freigabeklausel zugrunde lag.
Dabei hatte sich ein Lieferant von Baumaterialien die gesamte Werklohnforderung seines Abnehmers ohne jede Einschränkung abtreten lassen. Folgerichtig versagte der BGH dieser Sicherungsvereinbarung die Wirksamkeit wegen Verstoßes gegen § 9 Abs. 1 AGBG.
Nach Ansicht des BGH hielt die Klausel der Inhaltskontrolle wegen unverhältnismäßiger Übersicherung des Lieferanten und übermäßiger Beschränkung der wirtschaftlichen Bewegungsfreiheit des Abnehmers nicht stand.[220] Dabei war nicht entscheidend, ob im konkreten Einzelfall eine Übersicherung eingetreten war, sondern es war vielmehr maßgeblich, ob die Ausgestaltung der Klausel bei einer „überindividuell generalisierenden Betrachtung eine unangemessene Benachteiligung“ für den Abnehmer

---

219 BGH WM 1986, 1545 = BGH NJW 1987, 487 = BGHZ 98, 303.

220 BGH WM 1986, 1545, 1547.

verursachte.[221] Wenn es also im Laufe der Vertragsabwicklung zu einer Übersicherung kommen kann, bedarf es einer inhaltlich ausreichenden Freigabeklausel, die eine unverhältnismäßige Übersicherung von vornherein ausschließt. An einer solchen Klausel fehlte es im vorliegenden Sachverhalt, so daß der BGH die Vorbehaltsregelung im ganzen verwarf.
Der BGH billigte in diesem Fall auch nicht einen ersatzweisen Freigabeanspruch aus dem Grundsatz Treu und Glauben gemäß § 242 BGB, wie er es in der früheren Rechtsprechung getan hat.[222] Der VIII. Senat führte dazu aus, daß diese Rechtsprechung aufgrund des Inkrafttretens des AGB-Gesetzes nicht mehr aufrechterhalten werden könne, weil dies einer sogenannten geltungserhaltenden Reduktion gleich käme, was nach der gefestigten, neueren Rechtsprechung grundsätzlich unzulässig wäre.[223]

In der Entscheidung vom 8. Oktober 1986 äußerte sich der BGH auch bezüglich der Anforderung an **Globalzessionen**. Hierbei ging es um die Sicherheitenfreigabe bei einer Globalzession von einer Volksbank. Dabei lagen wie bei fast allen Banken und Sparkassen die Allgemeinen Geschäftsbedingungen des Kreditinstituts zugrunde.
Obwohl die Globalzession im vorliegenden Fall keine ausdrückliche Freigabeverpflichtung vorsah, hielt der VIII. Senat die Globalzession insgesamt für wirksam, da sich die Freigabeverpflichtung aus den miteinbezogenen AGB-Banken (Nr. 19 Abs. 6 S. 1 a.F.) ergab.[224]
Daneben wurde in der Globalabtretungsurkunde als Deckungsgrenze festgelegt, daß der Nennbetrag der abgetretenen Forderung die Kreditsumme nicht nur vorübergehend um mehr als 50 % übersteigend darf. Bezüglich des vermeintlichen Widerspruchs zum vormals vom BGH genannten 20%igen Deckungssatzes, führte der BGH aus, daß sich die Übersicherungsmarge hier nicht auf den bei der Verwertung realisierbaren

[221] BGH WM 1986, 1545, 1547.

[222] BGH NJW 1960, 1712; BGH WM 1965, 84; BGH WM 1966, 13.

[223] BGH WM 1986, 1545, 1548 m.w.N.

[224] BGH WM 1986, 1545, 1549.

Erlös beziehe, sondern auf den Nennbetrag, welcher nicht selten weit darüber liege.[225]
Insofern ist eine Übersicherung in diesem Fall von 50 % durchaus legitim.

Parallel zu den gängigen Sicherungsmitteln wie Globalzessionen und Eigentumsvorbehalten entwickelte sich eine Rechtsprechung zur **Lohn- und Gehaltszession**.
Bei der Lohn- und Gehaltszession tritt der Schuldner künftige Forderungen gegen seinen Arbeitgeber an den Gläubiger ab. Hierbei entwickelt sich der Wert der Sicherheit nicht nur erst im Laufe der Zeit, sondern ist darüber hinaus von einem wirksamen Arbeitsverhältnis abhängig.
Die erste bedeutsame Entscheidung in diesem Bereich erging am 24. November 1975. Darin hob der III. Senat des BGH[226] hervor, daß die Lohn- und Gehaltszession häufig die einzige Sicherungsmöglichkeit des Kreditnehmers darstellt. Ohne sie wäre der Kreditnehmer oft kreditunwürdig, was die Bedeutung der Lohn- und Gehaltszession für die Praxis besonders unterstreicht.
Der III. Senat hatte in dieser Entscheidung über eine Lohnzession als Sicherheit für einen Kontokorrentkredit zu befinden. In der maßgeblichen Klausel der Abtretungsurkunde hieß es, daß der Kreditnehmer dem Kreditgeber sämtliche gegenwärtigen und künftigen Forderungen aus dem Arbeitsverhältnis in Höhe des der Pfändung unterliegenden Teils zur Sicherung sämtlicher gegenwärtiger und zukünftiger Forderungen des Kreditinstituts gegen den Kreditnehmer abtritt. Sobald die zu sichernden Forderungen restlos getilgt seien und feststünde, daß neue Forderungen nicht mehr entstehen würden, sei das Kreditinstitut verpflichtet, seine Rechte aus der Abtretung auf den Kreditnehmer zurückzuübertragen.
Die Klausel hielt dem Prüfungsmaßstab von § 138 BGB stand. Der BGH betonte in seiner Begründung zunächst, daß Vorausabtretungen von Lohnforderungen grundsätzlich zulässig seien, sofern sie nach Gegenstand und

---

225 BGH WM 1986, 1545, 1549 f.

226 BGH WM 1976, 151.

Umfang bestimmbar sind.[227] Entscheidend war allerdings, ob die hier vorliegende Klausel auch ohne zeitliche Begrenzung wirksam sein würde.
In seinen Ausführungen hob der BGH hervor, daß derartige Klauseln grundsätzlich gemäß 138 BGB sittenwidrig sein könnten. Im vorliegenden Fall ging es jedoch um die Besicherung eines laufenden Bankkredites, der bei sachlich, aber nicht zeitlich begrenzten Umfang, die Belange des Gläubigers nicht mißachtet.[228] Des weiteren, so der BGH, sei „bei der Vertragsauslegung unter Berücksichtigung von Treu und Glauben nicht nur der Wortlaut der Einzelbestimmung heranzuziehen." Aus dem Kontext läßt sich nämlich entnehmen, daß nicht auf solche Forderungen des Kreditgebers abzustellen ist, die irgendwann einmal wieder entstehen können, sondern vielmehr auf Forderungen, die aus den schon bestehenden Rechtsbeziehungen noch erwachsen können.[229] Gemeint sind also Forderungen, deren Rechtsgrund bereits im Vertrag angelegt ist.
Die Klausel ist somit rechtswirksam, weil der Bankkunde nur bis zur Abwicklung seiner Geschäftsbeziehung an die Bank gebunden ist. Danach hat er einen schuldrechtlichen Rückübertragungsanspruch bezüglich der an die Bank abgetretenen Lohnansprüche.

Das OLG Frankfurt[230] hatte in seiner Entscheidung vom 18. Juni 1986 eine Lohnabtretungsklausel in einem Formularvertrag über einen finanzierten Abzahlungskauf eines Autos zu beurteilen.
Das zu beurteilende Teilzahlungsgeschäft war mit der Besonderheit versehen, daß neben der Sicherungsübereignung des Autos mit Ersetzungsklausel, der Vorausabtretung von Versicherungsansprüchen und der Lohnzession des Käufers, zudem noch eine Lohnzession eines Dritten hereingenommen wurde, der den Darlehensvertrag als „Mitdarlehensnehmer" unterschrieben hat. Der „Mitdarlehensnehmer" klagte, weil er in der Lohnabtretungsklausel eine unzulässige Übersicherung im Sinne von § 9 Abs. 1 AGBG sah. Die Klage hatte Erfolg.

---

227 BGH WM 1976, 151.

228 BGH WM 1976, 151, 152.

229 BGH WM 1976, 151, 152.

230 OLG Frankfurt BB 1986, 2089.

Dabei störte sich das OLG Frankfurt nicht an der Klausel an sich, sondern an der Tatsache, daß der Kreditgeber einen zu leichten Zugang zum pfändbaren Arbeitslohn des Klägers erhielt, obwohl dieser persönlich nichts von dem Darlehen gehabt hatte und das Darlehen durch die Sicherungsübereignung ausreichend dinglich besichert war.
Das Gericht weist in diesem Zusammenhang auf die einheitliche Meinung von Rechtsprechung und Literatur hin, „daß eine Lohnabtretung zur Sicherung des Kaufpreisanspruchs aus einen Ratenkaufvertrag formularmäßig nicht wirksam vereinbart werden kann, da das Vorbehaltseigentum regelmäßig als Sicherung genügt und es sich bei der Abtretung um eine 'vertragsfremde Last' handelt."[231]
Dieser Ansicht ist im Ergebnis beizupflichten, obwohl die Angemessenheitsprüfung nach § 9 Abs. 1 AGBG verwundern muß.[232] Denn die vom AGB-Gesetz verlangte überindividuell-generalisierende Betrachtungsweise wurde bei der Lohnabtretungsklausel außer acht gelassen. Vielmehr kam es zu einer am Einzelfall ausgerichteten Inhaltskontrolle.[233]

## 2. Die Grundsatzurteile des BGH vom 22. Juni 1989 und 29. November 1989

Mit einer Entscheidung vom 22. Juni 1989 vollzog der III. Senat des BGH[234] einen gravierenden Eingriff in das Recht der Kreditsicherheiten.
In dieser Entscheidung ging es um die Zulässigkeit einer formularmäßig vereinbarten **Lohn- und Gehaltsabtretung**. Am Rande sei dabei erwähnt, daß dies bisher die einzige Entscheidung war, der eine Klage eines Verbraucherverbandes zugrunde lag. Ansonsten sind die Urteile auf Klagen

---

231 OLG Frankfurt BB 1986, 2089, 2090 m.w.N.

232 Scholz lehnt das Urteil aus einem anderen Grunde ab: Er hält die hinterlegten Sicherheiten in toto für nicht werthaltig. Insbesondere verwehrt er sich gegen die Ansicht, daß die Addition „schwacher" Sicherheiten automatisch zumindest eine „starke" Sicherheit ergibt, vgl. Scholz BB 1987, 1139 ff.

233 Hensen EWiR § 9 AGBG 4/87, S. 205, 206.

234 BGH WM 1989, 1086 = BGHZ 108, 98.

konkurrierender Gläubiger zurückzuführen, wobei die Sicherungsgeber in der Regel als Insolvenzschuldner eine untergeordnete Rolle gespielt haben.
Der III. Senat hatte nun in dieser Entscheidung zu prüfen, ob eine Lohnabtretungsklausel[235] ohne jegliche Begrenzung der Inhaltskontrolle des § 9 Abs. 1 AGBG standhielt.
In erster Instanz wurde die Lohnabtretungsklausel durch das LG Nürnberg-Fürth[236] für rechtmäßig befunden. Die Berufung vor dem OLG Nürnberg[237] verwarf allerdings dieselbe Klausel, weil sie mangels jeglicher Begrenzung nicht geeignet war, eine unverhältnismäßige Übersicherung des Sicherungsnehmers zu verhindern, und eine Rückübertragung der abgetretenen Ansprüche erst für den Fall des Ausgleichs aller Forderungen der Bank vorsah. Der III. Senat des BGH bestätigte in einer Revision das Urteil des OLG Nürnberg.
Er führte dabei aus, daß formularmäßige Vorausabtretungen künftiger Lohn- und Gehaltsansprüche der Inhaltskontrolle des § 9 Abs. 1 AGBG nur dann standhalten, wenn sie „Zweck und Umfang der Zession sowie die Voraussetzungen, unter denen der Verwender von ihr Gebrauch machen darf, hinreichend eindeutig bestimmen und zu einem vernüftigen, die schutzwürdigen Belange beider Vertragspartner angemessen berücksichtigenden Interessenausgleich führen.“[238]
Der BGH forderte daher zum Ziel eines angemessenen Interessenausgleichs, eine Begrenzung der Zession. Denn ohne zeitliche oder betragsmäßige Begrenzung sei die Übersicherung schon im Ansatz vorprogrammiert. Eine fortschreitende Tilgung der Darlehensschuld würde die Benachteiligung der Kreditnehmer noch verstärken.[239]

---

235 Wortlaut der Lohnabtretungsklausel:

„Ich/Wir trete(n) hiermit zur Sicherung der Ansprüche der Bank dieser den jeweils pfändbaren Teil meiner / unserer Lohn-, Gehalts-, Provisions- oder sonstiger Ansprüche ... gegen die jeweiligen Arbeitgeber ... ab. Die Bank wird auf Verlangen - sofern alle Forderungen ausgeglichen sind - die Ansprüche zurückübertragen.“

236 LG Nürnberg-Fürth ZIP 1987, 1381.

237 OLG Nürnberg ZIP 1988, 363.

238 BGH WM 1989, 1086, 1088.

239 BGH WM 1989, 1086, 1089.

Nach Ansicht des BGH scheidet allerdings die zeitliche Begrenzung der Zession aus, da sie dem Kreditnehmer die Möglichkeit bieten würde, sich durch die Zahlungsverzögerungen Vorteile zu verschaffen.
Insofern ist die betragsmäßige Begrenzung die einzige Möglichkeit, einen angemessenen Interessenausgleich herzustellen.
Bei der Ausgestaltung der betragsmäßigen Begrenzung scheidet eine Beschränkung auf die Höhe der jeweiligen Monatsrate aus, weil dem Sicherungsinteresse der Bank bei frühzeitiger Fälligstellung des Darlehens nicht ausreichend Rechnung getragen würde.[240]
Eine Begrenzung auf den jeweiligen Umfang der gesicherten Forderung scheidet auch aus, da hier Bedenken wegen des Bestimmtheitsgrundsatzes bestehen.[241]
Der BGH sieht als einzige Möglichkeit der betragsmäßigen Begrenzung eine Orientierung am Umfang der Gesamtforderungshöhe, die sowohl den Nettokredit als auch die Kreditkosten einschließt. Eventuelle Rechtsverfolgungskosten und Schadensersatz im Falle des Zahlungsverzuges finden auch Berücksichtigung.
Neben einer Begrenzung der Zession, hielt der III. Senat zusätzlich eine geeignete Freigabeklausel für erforderlich, weil das Sicherungsinteresse der Bank mit fortschreitender Tilgung abnimmt.[242] Die Freigabeklausel wird dabei nicht als alternative Möglichkeit zur betragsmäßigen Beschränkung angesehen,[243] sondern vielmehr als notwendiges zusätzliches Erfordernis.
Bedauerlicherweise ließ der III. Senat allerdings offen, welche inhaltlichen Anforderungen an die Freigabeklausel zu stellen sind. Dieser Frage hat sich dann später das OLG München angenommen.[244]

Mit seiner Entscheidung vom 29. November 1989 führt der VIII. Senat des BGH[245] die Rechtsprechung des III. Senats vom 22. Juni des selben Jahres unmittelbar fort.

---

240 BGH WM 1989, 1086, 1089.

241 BGH WM 1989, 1086, 1089; vgl. BGH WM 1965, 1049.

242 BGH WM 1989, 1086, 1089.

243 So wohl eher Weber in EWiR § 138 BGB 4/92, S. 433.

244 OLG München NJW-RR 1992, 812 = EWiR § 138 BGB 4/92, S. 433.

Die Entscheidung des VIII. Senats ist für das Kreditrecht von besonderer Bedeutung, da mit ihr erstmals Anforderungen an die inhaltliche Ausgestaltung von Freigabeklauseln in **Globalzessionsverträge** aufgestellt wurden. Im vorliegenden Fall hatte sich eine Bank von einem Kreditnehmer global alle Forderungen gegen Drittschuldner mit den Anfangsbuchstaben A bis Z abtreten lassen. Die im Globalzessionsformular vorgesehene Spalte zur Mindestdeckungsgrenze war nicht ausgefüllt. Die Freigabeklausel hatte dabei folgenden Wortlaut:
„Die Bank hat auf Verlangen des Sicherungsgebers ihre Rechte aus diesem Vertrag nach billigem Ermessen freizugeben, soweit sie diese nicht nur vorübergehend nicht mehr benötigt."
Nach Auffassung des BGH bietet eine solche Klausel, die allein auf das billige Ermessen ohne eine objektive Orientierungsgröße abstellt, keinen ausreichenden Schutz gegen eine Übersicherung des Kreditgebers und führt unweigerlich zu einer Benachteiligung des Sicherungsgebers im Sinne von § 9 Abs. 1 AGBG. Die diskutierte Klausel, so der BGH,[246] ist allenfalls dort ausreichend, wo es um die Freigabe bestimmter Sicherheiten (Grundschulden) gehe, „und nur ihre Werthaltigkeit streitig war." Der BGH[247] führt weiter aus, daß der Sicherungsgeber weit größeren Schwierigkeiten ausgesetzt ist, wenn er ohne Festlegung einer Deckungsgrenze die Freigabe der Sicherheiten durchsetzen will. Denn dann droht die Gefahr, daß wegen der Frage der Bewertung der Sicherheiten und der damit eng zusammenhängenden Frage, welche angemessene Übersicherung der Sicherungsnehmer beanspruchen kann, ein zeitraubender und kostenaufwendiger Streit entsteht. Diesem Nachteil für den Sicherungsgeber steht kein rechtfertigendes Interesse des Sicherungsnehmers gegenüber.
Der VIII. Senat macht die Wirksamkeit einer Freigabeklausel davon abhängig, daß sie neben einer zahlenmäßig bestimmten Deckungsgrenze auch noch eine ausdrückliche Freigabeverpflichtung für den Fall der nicht nur vorübergehenden überschießenden Deckung enthält. Die vom BGH

---

[245] BGH WM 1990, 51 = BGH ZIP 1990, 25 = BGHZ 109, 240 = BGH NJW 1990, 716.

[246] BGH WM 1990, 51, 53.

[247] BGH WM 1990, 51, 53.

geforderte Deckungsgrenze wird in diesem Zusammenhang als *feste* Bezugsgrenze skizziert.
Diese Voraussetzungen bildeten fortan den Maßstab für die sogenannte *qualifizierte* Freigabeklausel.
Den Überlegungen des BGH lag dabei der Gedanke zugrunde, dem Sicherungsgeber die Durchsetzung seines Freigabeverlangens zu erleichtern.
Denn die qualifizierte Freigabeklausel gewährleistet dem Sicherungsgeber, sich zu jedem Zeitpunkt mit zumutbarem Aufwand den aktuellen Sicherungsbestand und die Freigabeaussichten zu vergegenwärtigen.
Das Urteil vom 29. November 1989 ist als Grundsatzurteil hervorzuheben, weil nicht nur erstmals Mindestanforderungen an die Freigabeklauseln genannt worden sind, sondern weil sich der BGH auch zur entsprechenden Klausel in den AGB-Banken geäußert hatte.
Danach sei die für die Globalzession ergänzend geltende Freigabeklausel in Nr. 19 Abs. 6 S. 2 AGB-Banken a.F.[248] ebenfalls nicht hinreichend geeignet, eine unangemessene Übersicherung zu verhindern. Erforderlich ist vielmehr auch hier ein ausdrückliche Freigabeverpflichtung mit zahlenmäßiger Deckungsgrenze und nicht die Freigabe nach billigem Ermessen.[249] Somit entspricht auch die AGB-Klausel nicht mehr den Ansprüchen der BGH und würde mit der Konsequenz als unzureichend verworfen, daß nur eine neugestaltete Klausel der Inhaltskontrolle des § 9 Abs. 1 AGBG standhalten würde.

---

248 Nr. 19 Abs. 6 S. 2 AGB-Banken a.F.:

„Die Bank ist verpflichtet, auf Verlangen des Kunden Sicherungsgegenstände nach ihrer Wahl freizugeben, soweit der Wert des Sicherungsgutes die vereinbarte Deckungsgrenze nicht nur vorübergehend überschreitet. Ist keine Deckungsgrenze vereinbart, so hat die Bank auf Verlangen des Kunden Sicherungsgegenstände nach billigem Ermessen freizugeben, soweit sie diese nicht nur vorübergehend nicht mehr benötigt."

249 BGH WM 1990, 51, 53.

## II. Die Übertragung der bisherigen Rechtsprechung auf die einzelnen Sicherungsmittel

Der BGH hat in seinen beiden Grundsatzurteilen von 1989[250] erstmals Mindestanforderungen an Freigabeklauseln zur Vermeidung von Übersicherungen aufgestellt.
Insbesondere im Urteil vom 29. November 1989[251] wird deutlich, daß der BGH die gesicherte Forderung und das Sicherungsmittel nunmehr mit einer Verhältniszahl verknüpft.
Das Erfordernis einer Deckungsgrenze durchbricht damit die Unabhängigkeit der nichtakzessorischen Globalzession von der Forderung. Im folgenden wird daher untersucht, wie die Rechtsprechung mit diesem neuen Erfordernis umgegangen ist, und wie sie sich auf andere nichtakzessorische Sicherungsmittel ausgewirkt hat.

### 1. Globalzession

Die Rechtsprechung hat die maßgebliche Entscheidung des BGH vom 29. November 1989[252] in der nachfolgenden Zeit fortgeführt und die Voraussetzung für die Wirksamkeit der Globalzession bestätigt. Die Erfordernisse einer konkreten Deckungsgrenze wurden dabei insbesondere auch von anderen Senaten des BGH und der Instanzrechtsprechung geteilt, so daß schnell von einer ständigen Rechtsprechung gesprochen werden konnte.[253]
Der VIII. Senat des BGH hielt auch in seiner Entscheidung vom 19. Juni 1991[254] daran fest, daß nur die beiden Voraussetzungen - eine Verhältniszahl zwischen Forderung und Sicherheit und eine ausdrückliche Freigabeverpflichtung - eine Übersicherung von vornherein ausschließen kann.

---

250 BGH WM 1989, 1086; BGH WM 1990, 51.

251 BGH WM 1990, 51.

252 BGH WM 1990, 51.

253 BGH WM 1990, 1326; BGH WM 1990, 1389; BGH WM 1991, 276; BGH ZIP 1991, 807; OLG Hamm MDR 1992, 962; OLG Hamm ZIP 1993, 1017.

254 BGH WM 1991, 1499 = BGH NJW 1991, 2768.

Allerdings verschärfte er die Voraussetzungen dahingehend, daß entgegen der vorherigen Rechtsprechung eine *feste Deckungsgrenze* nicht mehr genügt, sondern nunmehr eine *flexible Deckungsgrenze* notwendig ist. Die flexible Deckungsgrenze muß dabei in einem objektiv bestimmbaren Verhältnis zur Höhe der zu sichernden Forderung stehen, so daß sich die Deckungsgrenze bei Ermäßigung der Forderung automatisch anpaßt.[255]
Der BGH hatte es im vorliegenden Fall für unzumutbar angesehen, daß die Freigabe von Sicherheiten erst bei einer ununterbrochenen Überschreitung des Mindestbetrages der abgetretenen Forderungen von drei Monaten gewährleistet war. Folglich sah er es für notwendig an, daß mit Abnahme der gesicherten Forderung und einer nicht nur vorübergehenden Rückführung des Kredites, einem Freigabeverlangen des Sicherungsgebers entsprochen werden muß. Dieser Ansicht hat sich die Instanzrechtsprechung auch angeschlossen.[256]
Umstritten ist jedoch, ob bei Globalzessionen des weiteren eine objektive Bezugsgröße für die Berechnung des Sicherheitenwertes zu verlangen ist. Das OLG Karlsruhe spricht sich in seiner Entscheidung vom 23. Oktober 1992[257] für eine solche feste Bezugsgröße für die Wertermittlung aus. Das Gericht kritisiert die Bewertung nach banküblichen Grundsätzen, weil dadurch „zwangsläufig erhebliche subjektive Beurteilungsspielräume für den Sachbearbeiter der Bank bestehen, die nur in Grenzfällen ... eindeutige Ergebnisse ermöglichen."[258] Daher fordert das OLG Karlsruhe eine Berechnung in Form bestimmter Pauschalwertberichtigungen für verschiedene Kategorien von Forderungen.[259]
Auf diese Initiative des OLG Karlsruhe hat der BGH bisher nicht reagiert. Dennoch ist in diesem Zusammenhang auf ein Urteil des VIII. Senats des BGH vom 8. Dezember 1993[260] hinzuweisen. In diesem Urteil hatte das

---

255 BGH WM 1991, 1499, 1500.

256 OLG Hamm MDR 1992, 962; OLG Hamm WM 1992, 1731; LG Mönchengladbach ZIP 1993, 694.

257 OLG Karlsruhe WM 1993, 942 = OLG Karlsruhe NJW-RR 1993, 1202.

258 OLG Karlsruhe WM 1993, 942, 944.

259 OLG Karlsruhe WM 1993, 942, 944.

260 BGH WM 1994, 104.

Gericht über eine formularmäßige Globalzession zu befinden, in deren Freigabeklausel die Bestimmung der Deckungsgrenze mit dem Begriff „Wert der Forderungen“ umschrieben wurde. Der VIII. Senat hat dabei ausgeführt, daß unter dem Begriff „Wert der Forderungen“ der Nennwert zu verstehen ist. Dies ließe sich aus dem Wortsinn und aus Gründen der praktischen Handhabung ableiten. Die erforderliche Schnelligkeit und Klarheit beim Freigabeverlangen sei nur gewährleistet, wenn auf den Nennwert der Forderungen abgestellt wird.[261] Insofern wird im Zweifel nun der Nennwert als Wert zugrunde gelegt. Wollen die Vertragspartner hingegen etwas anderes, so müssen sie sich Gedanken über die Bewertung der Globalzession machen und andere Bezugsgrößen oder Bewertungsmaßstäbe vereinbaren, um die nötige Freigabeverpflichtung ausreichend zu konkretisieren. Somit hat die Entscheidung des BGH vom 8. Dezember 1993 zumindest die Signalwirkung, daß die Bewertung von Sicherheiten von vornherein vertraglich festgelegt werden sollte.

## 2. Erweiterter und verlängerter Eigentumsvorbehalt

Die vom VIII. Senat für die Globalzession[262] aufgestellten Grundsätze hat derselbe Senat auch auf den erweiterten und verlängerten Eigentumsvorbehalt[263] übertragen. Danach bedarf es für die formularmäßige Vorausabtretung der Außenstände des Sicherungsgebers im Rahmen des erweiterten und verlängerten Eigentumsvorbehalts einer qualifizierten Freigabeklausel. Diese Entscheidung vom 13. Juni 1990 wurde vom VIII. Senat noch einmal am 2. Dezember 1992[264] bestätigt und dahingehend präzisiert, daß die Grenze für eine unangemessene Übersicherung gem. § 9 Abs. 1 AGBG nunmehr für den Regelfall bei 120 % angesetzt wird. Danach kann der Sicherungsgeber die Freigabe von Sicherheiten verlangen, wenn

---

[261] BGH WM 1994, 104, 105.

[262] BGH WM 1990, 51.

[263] BGH WM 1990, 1389, 1391 = BGH NJW-RR 1990, 1525.

[264] BGH NJW 1993, 533 = BGH WM 1993, 139 = BGHZ 120, 300.

ihr realisierbarer Wert 20 % der zu sichernden Forderungen übersteigt.[265] Diese prozentuale Verbindung von Forderung und Sicherheit stellt gleichzeitig eine *flexible Deckungsgrenze* dar, wie sie auch schon für die Globalzession eingeführt wurde.[266] Das OLG Koblenz[267] betont in diesem Zusammenhang in seinem Urteil vom 12. März 1993, daß eine flexible Deckungsgrenze in einem objektiv bestimmbaren Verhältnis zur Höhe der zu sichernden Forderung stehen muß, und daher eine Begrenzung der Abtretung auf die „Höhe des Stoffwertes" nicht rechtmäßig ist. Als Grund führt das Gericht an, daß eine Übersicherung für den Fall nicht ausgeschlossen ist, wenn eine die beiderseitigen Interessen berücksichtigende konkrete Deckungsgrenze erreicht ist.[268]
Aus alledem folgt, daß der erweiterte und verlängerte Eigentumsvorbehalt die gleichen Grundsätze zur Sicherheitenfreigabe aufweist, wie sie für die Globalzession gelten.

## 3. Sicherungsübereignung

Bei der Sicherungsübereignung ist zwischen einer Sicherungsübereignung einzelner Sachen und Sachgesamtheiten, insbesondere Warenlager mit wechselndem Bestand, zu differenzieren.
Das Problem der Übersicherung stellt sich ausschließlich bei den Sachgesamtheiten, da hier im Gegensatz zur Einzelübertragung die ständig mögliche Vermehrung des Sicherungsgutes wie bei einer Globalzession eintreten kann. Bei der Sicherungsübereignung eines Warenlagers mit wechselndem Bestand ist die Entwicklung für den Sicherungsgeber deshalb nicht überschaubar, weil regelmäßig Sachen in die Sicherungsübertragung miteinbezogen werden können, die bei Abschluß des Sicherungsvertrages noch nicht zum Vermögen des Sicherungsgebers gehörten oder deren Wert

---

265 BGH NJW 1993, 533, 534.

266 BGH NJW 1991, 2768, 2769.

267 OLG Koblenz ZIP 1993, 1016.

268 OLG Koblenz ZIP 1993, 1016, 1017.

höher war als erwartet. Folglich ist die Höhe des Sicherheitenbestandes bei Abschluß des Vertrages überhaupt nicht oder nur schwerlich zu ermitteln.

Das OLG Braunschweig[269] hat sich in einem Urteil am 17. Dezember 1990 über einen Globalsicherungsübereignungsvertrag direkt auf das Grundsatzurteil des BGH zur Globalzession vom 29. November 1989[270] bezogen. Das Gericht führte dabei aus, daß die gleichen Grundsätze für die Globalsicherungsübereignung zu gelten haben, „da der Sicherungsgeber von Waren nicht weniger schutzwürdig ist als derjenige, der sicherungshalber Forderungen im Wege der formularmäßig vereinbarten Globalzession abtritt.“ Eine Klausel, die die Freigabe von überschüssigen Sicherheiten aufgrund des billigen Ermessens regeln will, reicht nicht aus, um die Interessen des Sicherungsgebers angemessen durchzusetzen. Denn die Grenze des billigen Ermessens ist schwer vorhersehbar und hätte zeit- und kostenintensive Rechtsstreitigkeiten zur Folge. Eine Freigabe, die aber nicht alsbald erlangt wird, ist wirtschaftlich wertlos. Es heißt weiter, daß eine unangemessene Übersicherung nur verhindert werden kann, wenn eine Freigabeklausel mit zahlenmäßig bestimmter Deckungsgrenze und einer ausdrücklichen Freigabeverpflichtung vorliegt. Somit ist also auch bei der Raumsicherungsübereignung eine qualifizierte Freigabeklausel in den Sicherungsvertrag aufzunehmen. Nur eine solche Klausel nehme dem Sicherungsgeber die Furcht vor dem mit der Durchsetzung seiner Rückübertragungsansprüche verbundenen Aufwand. In gleicherweise äußerte sich auch das LG Bad Kreuznach am 9. Oktober 1991.[271]
Im Anschluß an diese beiden Urteile forderte auch der IX. Senat des BGH in seiner Entscheidung vom 19. März 1992[272] eine qualifizierte Freigabeklausel bei Sicherungsübereignung von Warenläger mit wechselndem Bestand. Der BGH vertrat dabei die Ansicht, daß eine mögliche Übersicherung auch nicht dadurch ausgeschlossen werden kann,

---

[269] OLG Braunschweig WM 1991, 802, 803.

[270] BGH WM 1990, 51.

[271] LG Bad Kreuznach WM 1992, 52.

[272] BGH WM 1992, 813 = BGH ZIP 1992, 629 = BGHZ 117, 374 = BGH ZBB 1992, 307.

daß der Warenbestand rechtzeitig begrenzt oder auf verschiedene Lager verteilt wird, weil das eine erhebliche Erschwerung des Geschäftsbetriebes und nicht unerhebliche zusätzliche Kosten zur Folge hätte, welche dem Sicherungsgeber nicht zuzumuten wären.[273]
Allerdings bestand der BGH auf die Vereinbarung einer Bezugsgröße, die es ermöglicht, unschwer festzustellen, ob die Deckungsgrenze überschritten ist.[274] Im Gegensatz zum VIII. Senat[275] begnügte sich der IX. Senat bei der Sicherungsübereignung mit einer *festen Deckungsgrenze*.

Am 15. Dezember 1993[276] äußerte sich das OLG Stuttgart in einer Entscheidung zur Bewertungsproblematik bei Sicherungsübereignung mit wechselndem Bestand dahingehend, daß schriftlich vereinbarte Bewertungsrichtlinien schon deshalb von Vorteil seien, weil einseitige Ermessensspielräume und subjektive Bewertungsvorstellungen der Bank begrenzt wären. Der Sicherungsgeber könnte sich auf diese Grundsätze berufen und es würde so eine bessere Aussicht auf eine Verständigung der Vertragsparteien über die Werthaltigkeit des Sicherungsgegenstandes bestehen.[277] Welcher Wert jedoch letztlich zum Ansatz gebracht werden soll, läßt das Gericht offen. Denkbar wäre der Einkaufspreis oder die Gestehungskosten. Einem vertraglich vereinbarten festen Zuschlag auf den Nominalwert steht das OLG allerdings kritisch gegenüber. Pauschale Wertkorrekturen würden nämlich in der Regel nicht dem realisierbaren Wert des Sicherungsgutes entsprechen.

---

273 BGH WM 1992, 813, 814.

274 BGH WM 1992, 813, 815.

275 BGH WM 1991, 1499; BGH WM 1993, 139.

276 OLG Stuttgart WM 1994, 626.

277 OLG Stuttgart WM 1994, 626, 633; vgl. zur Bewertung von Kreditsicherheiten auch 1. Kapitel, B.II.

## 4. Lohn- und Gehaltszession

In seinem Grundsatzurteil vom 22. Juni 1989 erörterte der III. Senat des BGH[278] die Notwendigkeit einer Begrenzung der Zession und der Einführung einer geeigneten Freigabeklausel für den Fall, daß das Sicherungsinteresse der Bank mit fortschreitender Kredittilgung abnimmt.
Die nachfolgende Instanzrechtsprechung teilte die Ansicht des BGH nicht.[279] Sie hielt Lohn- und Gehaltszession trotz fehlender betraglicher Begrenzung und auch ohne ausdrückliche Freigabeklausel für rechtmäßig. Einheitlicher Ansatzpunkt der Kritik an die höchstrichterliche Rechtsprechung des III. Senats war die Ungleichbehandlung von enger und weiter Zweckabrede. Der BGH hatte in seinem Urteil über einen zeitlich und betraglich begrenzten Ratenkredit zu befinden. Er führte damals aus, daß eine Lohnabtretung ohne Begrenzung und Freigabeklausel die Gefahr der Übersicherung aufgrund der fortschreitenden Tilgung in sich birgt.[280] Der Instanzrechtsprechung lagen jedoch Lohnzessionen mit weiten Sicherungszweckerklärungen zugrunde, aus denen jederzeit neue Forderungen hätten entstehen könne. Eine Übersicherung sei in diesen Fällen gerade nicht vorprogrammiert.[281]
Das LG Hannover[282] führte dazu aus, daß Lohnzessionen sowieso zur Sicherung zusätzlicher Kredite eingesetzt werden und somit die Begrenzung der Lohnzession ohnehin umgangen wird.
Das LG Landshut[283] verzichtete auf die qualifizierte Freigabeklausel noch aus einem anderen Grunde: Da die Höhe des pfändbaren Teils des Lohnes grundsätzlich einfach festzustellen sei, ist die Situation überschaubar und gem. § 315 BGB überprüfbar. Darin sei eine Parallele zu den bestimmten

---

278 BGH WM 1989, 1086.

279 LG Hannover WM 1991, 68; AG München WM 1991, 634; LG Landshut WM 1991, 632; LG Heilbronn WM 1991, 2058.

280 BGH WM 1989, 1086.

281 LG Landshut WM 1991, 632, 633.

282 LG Hannover WM 1991, 68, 69.

283 LG Landshut WM 1991, 632, 634.

Sicherheiten (z.B. Grundschulden) zu sehen, welche eine Gleichbehandlung zur Folge haben müsse.
Unbeeindruckt von der Instanzrechtsprechung führte der IX. Senat des BGH am 21. November 1991[284] die Rechtsprechung des III. Senats fort, und forderte sowohl eine Begrenzung als auch eine Freigabeklausel für die Lohnabtretung.

Von der Rechtsprechung gänzlich unbeantwortet blieb bis zu diesem Zeitpunkt, welche inhaltlichen Anforderungen an die Freigabeklauseln neben der betraglichen Begrenzung zu stellen sind. Dieser Frage nahm sich erstmals das OLG München in seiner Entscheidung vom 20. Februar 1992[285] an.
Hierin übertrug das Gericht die zur Globalzession vom VIII. Senat am 29. November 1989[286] entwickelten Grundsätze und verlangt für die Lohnzession nunmehr auch eine Freigabeklausel mit zahlungsmäßig bestimmter Deckungsgrenze und der Verpflichtung des Sicherungsnehmers, die überschießende Deckung freizugeben.[287]
Die begrenzte Lohnabtretung mit fester Relation zwischen Forderung und Sicherheit gewährt somit die Möglichkeit, durch freiwerdende Sicherheiten neue Kredite aufzunehmen, insbesondere bei einer anderen Bank unter gegebenenfalls günstigeren Konditionen.[288]

Abschließend sei angemerkt, daß die Rechtsprechung zur Lohn- und Gehaltsabtretung noch uneinheitlich ist. Im Gegensatz zur Globalzession, dem Eigentumsvorbehalt und der Sicherungsübereignung, haben sich die vom VIII. Senat des BGH entwickelten Grundsätze zur qualifizierten Freigabeverpflichtung noch nicht durchgesetzt.

---

284 BGH WM 1992, 135 = BGH ZIP 1992, 168.

285 OLG München NJW-RR 1992, 812 = OLG München EWiR § 138 BGB 4/92, S. 433.

286 BGH WM 1990, 51.

287 OLG München NJW-RR 1992, 812, 814.

288 OLG München NJW-RR 1992, 813, 815.

## 5. Grundschulden

Die Übersicherungsproblematik bei Grundpfandrechten findet weder in der Literatur noch in der Rechtsprechung größere Beachtung. Der V. Senat des BGH befaßte sich in einer Entscheidung vom 8. Dezember 1989[289] mit der Freigabe im Übersicherungsfall nur am Rande. Der BGH führte in dieser Entscheidung allerdings aus, daß die teilweise Kredittilgung einen Anspruch auf Rückgewähr eines entsprechenden Teils der Grundschuld auslöst. Voraussetzung ist dabei eine sich aus der Sicherungsabrede ergebende, endgültige Übersicherung. Dem können allerdings Parteivereinbarungen entgegenstehen, wenn z.B. Beurkundungskosten eingespart werden sollen.[290] Auf Anmerkungen bezüglich inhaltlicher Anforderungen bei Freigabeklauseln verzichtete der V. Senat gänzlich.

Nachfolgend ergingen lediglich Urteile durch die Instanzrechtsprechung, die sich jedoch nur zu Grundschulden in Kombination mit anderen Sicherheiten geäußert haben.
Das LG Bielefeld[291] vertritt die Auffassung, daß bei der Bestellung einer Vielzahl von Grundschulden eine vergleichbare Situation wie bei der Globalzession und der Übereignung eines Warenlagers besteht.[292] Aus diesem Grunde genüge nicht mehr eine Freigaberegelung nach billigem Ermessen im Sinne von § 315 BGB, wie es vormals vom BGH am 20. Oktober 1980 formuliert wurde.[293]
Dieser Ansicht trat daraufhin das OLG Hamm[294] in seiner Entscheidung vom 23. Juni 1993 entgegen. Für den Fall der Bestellung mehrerer Grundschulden als Sicherheit, sei eine Freigabeverpflichtung mit objektiv bestimmter Deckungsgrenze nicht notwendig. Eine Beschränkung der

---

289 BGH WM 1990, 423.

290 BGH WM 1990, 423, 424.

291 LG Bielefeld WM 1993, 1084.

292 LG Bielefeld WM 1993, 1084, 1085.

293 BGH WM 1980, 1306.

294 OLG Hamm ZIP 1993, 1301 = OLG Hamm MDR 1993, 1076 = OLG Hamm WM 1993, 1590.

wirtschaftlichen Bewegungsfreiheit des Sicherungsgebers kann nicht im gleichen Maße wie bei der Globalzession oder Sicherungsübereignung eines Warenlagers mit wechselnden Bestand eintreten. Denn die Bewertung von einzelnen Gegenständen bietet keine besonderen Schwierigkeiten und die künftige Entwicklung der Sicherheiten ist durch den vorgegebenen Wertverlust überschaubar. Somit liege es auf der Hand, daß der Sicherungsgeber einen Freistellungsanspruch mit Erfolg verfolgen könne, wenn die Summe der Einzelwerte der Sicherungsgegenstände den in Anspruch genommenen Kredit übersteigen würde.[295]

Dem OLG Hamm genügt somit, im Gegensatz zum LG Bielefeld, die der gerichtlichen Kontrolle unterliegende Freigabeverpflichtung nach billigem Ermessen gem. § 315 Abs. 3 BGB.

Eine abschließende Stellungnahme durch den BGH ist bislang ausgeblieben.

## III. Rechtsprechungsübersicht seit dem 13. Januar 1994

### 1. Die beiden Grundsatzurteile des BGH vom 13. Januar 1994

Mit seinen beiden Entscheidungen vom 13. Januar 1994 hat der BGH[296] erstmals festgestellt, daß die für die Globalsicherheiten aufgestellten Grundsätze nicht für alle Sicherungsübertragungen gelten. Da die beiden Urteile inhaltlich korrespondieren, werden im folgenden die Urteilsgründe zusammen analysiert.

Der IX. Senat hatte in beiden Urteilen über einen Sicherungsvertrag zu befinden, in dem es um die formularmäßige Sicherungsübereignung mit im wesentlichen festen Bestand ging. In beiden Fällen wurde auf ein Freigabeklausel mit zahlenmäßig bestimmter Deckungsgrenze verzichtet. In dem einen Fall hatte der Sicherungsgeber 54 Teile seines Betriebsinventars zur

---

[295] OLG Hamm ZIP 1993, 1301, 1302.

[296] BGH WM 1994, 414 = BGH ZIP 1994, 305 = BGH EWiR § 9 AGBG 5/94, S. 209 = BGH NJW 1994, 861; BGH WM 1994, 419 = BGH ZIP 1994, 309 = BGH NJW 1994, 864.

Sicherung übereignet und eine Nachschub- bzw. Ersatzklausel vereinbart. Eine Nachschub- bzw. Ersatzklausel besagt, daß die im Laufe der Geschäftsbeziehung zur Werterhaltung der Sicherheit ausgewechselten Gegenstände, dem Sicherungsnehmer übereignet werden.

In dem anderen Fall hatte ein Erdbauunternehmer dem Sicherungsnehmer neun näher bezeichnete Maschinen bzw. Geräte zur Sicherung übereignet.

Mit diesen beiden Grundsatzurteilen schloß sich der IX. Senat des BGH der Instanzrechtsprechung[297] an und stellte klar, daß die formularmäßige Sicherungsübereignung einer Sachgesamtheit bzw. einzelner Sachen keine qualifizierte Freigabeklausel enthalten muß, solange es sich nicht um Sachgesamtheiten mit wechselndem Bestand handelt.

Der BGH hat in diesen Entscheidungen[298] deutlich zum Ausdruck gebracht, daß er hinsichtlich der Unwirksamkeit von Sicherungsverträgen aufgrund fehlender oder mangelhafter Freigabeklauseln, Bewertungs- und Verwertungsregeln, zwischen Global- und Singularsicherheiten differenziert.

Sicherungsübertragungen, die sich auch auf Vermögen erstrecken, das der Sicherungsgeber erst in Zukunft erwirbt, sind sog. **Globalsicherheiten**.[299] Darunter fallen z.B. die Vorausabtretung der Außenstände des Sicherungsgebers im Rahmen eines erweiterten und verlängerten Eigentumsvorbehaltes, die Globalzessionen zugunsten einer kreditgebenden Bank, die Abtretungen von Lohn- und Gehaltsansprüchen und die Sicherungsübereignung eines Warenlagers mit wechselndem Bestand.[300]
Die Übertragung von bestimmten Gegenständen, feststehenden Sachgesamtheiten oder Abtretungen von Einzelforderungen bezeichnet man als **Singularsicherheiten**.

---

297 LG Bielefeld WM 1993, 988; OLG Düsseldorf WM 1993, 784; OLG Hamm WM 1993, 1590; OLG Hamm WM 1993, 2046.

298 BGH WM 1994, 414 ff.; BGH WM 1994, 419 ff.

299 Scholz/Lwowski Rn. 148 f.

300 BGH WM 1994, 414, 416; BGH WM 1994, 419, 421.

Nach gefestigter Rechtsprechung[301] ist die Übertragung von Globalsicherheiten gem. § 9 AGBG unwirksam, wenn eine Freigabeklausel mit zahlungsmäßig bestimmter Deckungsgrenze fehlt. Daher werden bei Globalsicherheiten qualifizierte Freigabeklauseln verlangt, weil diese Sicherheiten besondere Risiken und nachteilige Wirkungen für den Sicherungsgeber aufweisen.
Diese besonderen Risiken und Nachteile bestehen bei formularmäßig vereinbarten Globalsicherheiten, da sie Gegenstände und Rechte umfassen, die zum Zeitpunkt der Sicherungsvereinbarung noch nicht zum Vermögen des Sicherungsgebers gehören und daher in ihrer Entwicklung für den Sicherungsgeber nicht überschaubar sind.[302] Der Nachteil für den Sicherungsgeber liegt insbesondere darin, daß möglicherweise der Wert der Sicherheit schwer zu ermitteln ist und damit der Freigabeanspruch entsprechend schwer geltend gemacht werden kann.
Des weiteren besteht bei der globalen Sicherungsübertragung grundsätzlich die Möglichkeit, daß die Gefahr der Übersicherung durch zukünftigen Vermögenszuwachs realisiert wird, wenn durch eine später hinzutretende Sicherheit der Wert der Forderung erheblich überstiegen wird.[303]
Derartige nachteilige Auswirkungen liegen hingegen bei Singularsicherheiten nicht vor. Dies gilt im besonderem Maße für die hier diskutierte Sicherungsübereignung mit festem Bestand, weil die Unübersichtlichkeit der Sicherungsentwicklung und die Gefahr eines unkontrollierten Anwachsens der Sicherheit nicht auftreten kann.
Das Sicherungsgut ist nämlich bei der Übertragung bestimmter Gegenstände oder einer feststehenden Sachgesamtheit von Anfang an klar umrissen, so daß der Sicherungsgeber i.d.R. mit vertretbarem Aufwand ermitteln kann,

---

301 Für den erweiterten und verlängerten Eigentumsvorbehalt: BGH WM 1985, 605; BGH WM 1986, 1545; BGH WM 1993, 139.

Für die Globalzession: BGH WM 1986, 1545; BGH WM 1990, 51.

Für die Sicherungsübereignung eines Warenlagers mit wechselndem Bestand: BGH WM 1992, 813.

302 BGH WM 1994, 419, 421.

303 BGH WM 1994, 414, 416.

welchen Wert das Sicherungsgut bei Vertragsabschluß besitzt und wie sich dieser in Zukunft voraussichtlich entwickelt.[304]
Die Gefahr einer Übersicherung ist, so der BGH, in diesen Fällen als gering einzuschätzen.

Im Unterschied zu den Globalsicherheiten, kommt es bei den Sicherungsübereignungen mit festem Bestand genauso wie bei allen anderen Singularsicherheiten zu Übersicherungen, indem die Kreditforderungen tilgungstbedingt abnehmen und nicht indem die Sicherheiten nachträglich anwachsen. Erfahrungsgemäß verlieren die Singularsicherheiten vielmehr im Laufe der Zeit an Wert, können aber auch steigen.
Ausnahmen bestehen, wenn das Sicherungsgut wertbeständig ist oder aufgrund von Nachschub- oder Ersatzklauseln wertbeständig gehalten wird, oder wenn der Kredit schneller zurückgezahlt wird, als der Wert des Sicherungsgutes abnimmt.[305]
Diese Art der Übersicherung ist aber kontrollierbar und wesensimmanent, weil der Sicherungsgeber mit diesen Folgen rechnen muß und auch rechnet.[306]

Etwas anderes gilt auch nicht bei den sogenannten Nachschub- und Ersatzklauseln, weil es dem Sicherungsgeber dabei allein obliegt, ob, wann und in welchem Umfang er die sicherungsübereigneten Sachen durch andere ersetzt. Der Sicherungsgeber weiß in diesem Falle genau, welches Stück er ersetzt, und hat so zu jedem Zeitpunkt der Vertragsabwicklung einen vollständigen Überblick.[307]

Die in den Entscheidungen vom 13. Januar 1994 entwickelten Grundsätze sind wegen dieser Differenzierung bemerkenswert. Die eigentliche Tragweite der Entscheidungen liegt aber nicht nur in der neu geschaffenen Zweigleisigkeit durch die strikte Differenzierung zwischen Global- und

---

304 BGH WM 1994, 414, 417; BGH WM 1994, 419, 420.

305 BGH WM 1994, 419, 421.

306 BGH WM 1994, 419, 421.

307 BGH WM 1994, 414, 417; BGH WM 1994, 419, 421.

Singularsicherheiten, sondern in den weitergehenden Ausführungen des BGH im Begründungssatz.
Dort verwirft der IX. Senat ausdrücklich seine Entscheidung vom 19. März 1992[308] und revidiert seine Rechtsprechung, wonach die Sicherungsübereignung nur wirksam war, wenn eine Freigabeklausel mit zahlenmäßig bestimmter Deckungsgrenze die Übersicherung des Gläubigers verhinderte.[309]

Grundsätzlich ist nunmehr keine ausdrückliche Freigaberegelung zur Vermeidung der Übersicherung notwendig. Vielmehr ergibt sich der Freigabeanspruch des Sicherungsgebers bereits im Wege der ergänzenden Vertragsauslegung aus Treu und Glauben (§§ 133, 157, 242 BGB) oder notfalls aus § 812 BGB.[310] Der gesetzliche Freigabeanspruch gem. § 812 BGB wäre deshalb möglich, weil der Sicherungszweck - der Verbleib der Sicherheiten beim Sicherungsnehmer - als Rechtsgrund der Sicherungsübertragung entfallen ist.
Der BGH greift damit auf einen in den sechziger Jahren[311] entwickelten Freigabeanspruch zurück und überträgt ihn auf die Sicherungsübereignung. Danach ist der Freigabeanspruch nach Treu und Glauben zu bejahen, denn der Sicherungsnehmer würde rechtsmißbräuchlich handeln, wenn er sich ohne Eigeninteresse auf die formale Position des Eigentums berufen würde.[312]
Darüber hinaus äußerte sich der IX. Senat auch zur Anwendbarkeit des § 6 Abs. 1 AGBG. Der BGH betont, daß der vertragliche bzw. gesetzliche Freigabeanspruch auch dann bestehen bleibt, wenn er durch Klauseln im Sicherungsvertrag eingeschränkt würde. Gem. § 6 Abs. 1 AGBG wären dann nur die einschränkenden Klauseln unwirksam und die übrige Sicherheitenbestellung bliebe wirksam.

---

[308] BGH WM 1992, 813 = BGH ZIP 1992, 629 = BGHZ 117, 374.

[309] BGH WM 1994, 419.

[310] BGH WM 1994, 414, 416; BGH WM 1994, 419, 420.

[311] BGH WM 1960, 855.

[312] BGH WM 1994, 414, 416.

Mit dieser Auffassung, so der IX. Senat,[313] würde auch nicht dem Urteil des BGH vom 8. Oktober 1986[314] widersprochen werden.
Dort wurde ein erweiterter und verlängerter Eigentumsvorbehalt wegen der verbotenen geltungserhaltenden Reduktion gem. § 9 Abs. 1 AGBG als unwirksam verworfen, weil eine fehlende qualifizierte Freigabeklausel nicht durch einen gesetzlichen Freigabeanspruch ausgeglichen oder umgedeutet werden konnte.
Im Gegensatz dazu wurde in den Fällen vom 13. Januar 1994 die generelle Existenz eines Freigabeanspruchs im Falle der Übersicherung nicht in Frage gestellt.[315]

Mit den Entscheidungen vom 13. Januar 1994 wurde erstmals Klarheit geschaffen, daß die hohen Anforderungen in Form einer qualifizierten Freigabeklausel nicht auf die Sicherungsübereignungen mit festem Bestand zu übertragen sind.
Eine qualifizierte Freigabeklausel ist ausnahmsweise nur noch dann erforderlich, wenn die Erscheinungsformen der Sicherungsübereignung besonders nachteilige Auswirkungen für den Sicherungsgeber nach sich ziehen. Hier soll die Klausel dem Sicherungsgeber die Durchsetzung seines ohnehin gegebenen Freigabeanspruchs erleichtern, indem sie diesen vertraglich festschreibt und zugleich in bestimmter Weise ausformt.[316]

## 2. Die Entwicklung der Rechtsprechung seit den beiden Grundsatzurteilen vom 13. Januar 1994

Der VIII. Senat des BGH hat in seiner Entscheidung vom 9. Februar 1994[317] an seiner Rechtsprechung festgehalten und seine Entscheidung aus den Jahren 1990[318] und 1992[319] bestätigt.

---

313 BGH WM 1994, 414, 416; BGH WM 1994, 419, 420.

314 BGH WM 1986, 1545.

315 BGH WM 1994, 414, 416 und 417.

316 BGH WM 1994, 419, 420.

317 BGH WM 1994, 585 = BGH ZIP 1994, 542 = BGH NJW 1994, 1154.

In dieser Entscheidung ging es um einen erweiterten Eigentumsvorbehalt eines Kraftfahrzeugherstellers an den, einem Vertragshändler gelieferten Teilen. Das besondere an dem Fall war, daß der Eigentumsvorbehalt in zweifacher Hinsicht erweitert war: Zum einen auf sämtliche Ansprüche aus der Geschäftsbeziehung (Kontokorrentvorbehalt) und zum anderen auf die Ansprüche einer konzernangehörigen Bank (Konzernvorbehalt).
Wegen Fehlens einer qualifizierten Freigabeklausel versagte der VIII. Senat dem erweiterten Eigentumsvorbehalt die Wirksamkeit gem. § 9 Abs. 1 AGBG.
Nach Ansicht des BGH dürfe auch für den hier vorliegenden erweiterten Eigentumsvorbehalt nichts anderes gelten als vormals für formularmäßig vereinbarte verlängerte Eigentumsvorbehalte, Globalzessionen und Sicherungsübereignungen von Warenlagern mit wechselndem Bestand.[320] Der BGH führte dazu aus, daß es auch beim erweiterten Eigentumsvorbehalt zu einer unverhältnismäßigen Übersicherung des Vorbehaltsverkäufers komme, vor der der Vorbehaltskäufer durch eine geeignete Freigabeverpflichtung geschützt werden müsse. Das wäre etwa der Fall, wenn der Eigentumsübergang an der Vorbehaltsware trotz vollständiger Bezahlung durch eine vergleichsweise geringfügige offene Forderung aus der anderweitigen Geschäftsbeziehung verhindert würde. Das führe dazu, daß der Vorbehaltskäufer die - voll bezahlte - Vorbehaltsware nicht zur anderweitigen Kreditbeschaffung einsetzten könne.[321]
Dem BGH fehlte es im vorliegenden Fall an der erforderlichen Verpflichtung des Kraftfahrzeugherstellers zur Freigabe. Zwar war er dem Wortlaut nach zur Freigabe der Sicherung „verpflichtet,“ doch wurde die Verpflichtung dadurch entwertet, daß sie unter dem Vorbehalt „des positiven Ergebnisses einer Einzelprüfung der Kreditwürdigkeit des Vorbehaltskäufers“ stand. Da nicht näher definiert war, unter welchen Voraussetzungen ein „positives Ergebnis“ anzunehmen war, stand die Freigabe letztlich im Ermessen des Kraftfahrzeughändlers. Hinzukommt,

---

318 BGH WM 1990, 1389.

319 BGH WM 1993, 139.

320 BGH WM 1994, 585, 586 f.

321 BGH WM 1994, 585, 587.

daß sich der Kraftfahrzeughändler in seinen Allgemeinen Geschäftsbedingungen vorbehalten hatte, die Freigabe durch das Verlangen nach Bestellung zusätzlicher Sicherheiten praktisch rückgängig machen zu können.[322]

Wegen der unzureichenden Freigabeklausel war somit der formularmäßig vereinbarte erweiterte Eigentumsvorbehalt gem. § 9 Abs. 1 AGBG unwirksam.

Diese Entscheidung reiht sich nahtlos in die bisherige Rechtsprechung des VIII. Senats des BGH ein. Bemerkenswert ist allerdings, daß der VIII. Senat fast heimlich noch ein zusätzliches Erfordernis eingeführt hat. In Anknüpfung an die vom IX. Senat[323] entwickelte Rechtsprechung fordert nun der VIII. Senat, daß die Freigabeklausel eine Bezugsgröße für die Berechnung des Warenwertes enthalten muß, die es ermöglicht festzustellen, ob die Deckungsgrenze überschritten ist. Dieses zusätzliche Element hatte der VIII. Senat für den hier vorliegenden erweiterten Eigentumsvorbehalt übernommen.[324]

Unter Berufung auf die Urteile des BGH vom 13. Januar 1994[325] haben sowohl das LG Fulda[326] als auch der IX. Senat des BGH[327] die Bestellung von Singularsicherheiten ohne ausdrückliche Freigabeklausel als wirksam erachtet.

In der Entscheidung vom 27. April 1994 hatte das LG Fulda über eine Sicherungsabtretung von Lebensversicherungsverträgen zu befinden. Das Gericht führte dazu aus, daß die Abtretung von Lebensversicherungsansprüchen mit der Sicherungsübereignung von Betriebsinventar zu vergleichen sei, da die entstehenden Ansprüche dem Grunde nach bereits

---

322 BGH WM 1994, 585, 587.

323 BGH WM 1992, 813 = BGHZ 117, 374.

324 BGH WM 1994, 585, 587.

325 BGH WM 1994, 414; BGH WM 1994, 419.

326 LG Fulda WM 1994, 1070.

327 BGH WM 1994, 1161 = BGH NJW 1994, 1796 = BGH ZIP 1994, 939; BGH ZIP 1995, 1078, 1079.

beim Vertragsabschluß feststünden. Dies gelte für die Versicherungssumme ebenso wie für die Entwicklung des Rückkaufswertes.[328]

Der IX. Senat des BGH hatte in einer Entscheidung vom 28. April 1994[329] über die Wirksamkeit bestellter Grundschulden zu befinden. Der BGH führte dazu aus, daß auch die Bestellung von Grundschulden ohne Freigabeklausel mit zahlenmäßig bestimmter Deckungsgrenze wirksam sei, weil hier das „Sicherungsgut" wie bei der Sicherungsübereignung bestimmter Sachen ebenfalls von Anfang an klar umrissen sei. Der dingliche Wert und dessen voraussichtliche Entwicklung sei in der Regel vom Sicherungsgeber mit vertretbarem Aufwand zu ermitteln. Bei Sicherungsgrundschulden an vorderer Rangstelle sei deren Wert durch den Nennbetrag häufig sogar exakt bestimmt. Insoweit, so der BGH, seien die Interessen des Sicherungsgebers durch die Freigabepflicht nach billigem Ermessen hinreichend berücksichtigt.[330]
Etwas anderes kann auch nicht gelten, wenn zu der Bestellung von Grundschulden noch eine Sicherungsübereignung bestimmter Sachen tritt. Beide Sicherheiten sind für sich jeweils ohne qualifizierte Freigabeklausel wirksam. Durch die Kumulierung der beiden Singularsicherheiten entsteht daher kein erweitertes Schutzbedürfnis, denn es wird die Feststellung nicht erschwert, ab wann eine erhebliche, andauernde Übersicherung entsteht.[331]

Einer qualifizierten Freigabeklausel bedarf es auch deshalb nicht, weil im vorliegendem Fall die beklagte Sicherungsnehmerin neben den zwei Singularsicherheiten noch eine Bürgschaft zur Sicherung ihrer Forderungen erhalten hatte.
Die Bürgschaft richte sich nach dem Bestand der Hauptforderung (§ 767 Abs. 1 BGB) und kann daher deren Wert nie übersteigen. Folglich wäre eine Freigabeklausel bezogen auf den Wert der Bürgschaft sinnlos. Des

328 LG Fulda WM 1994, 1070, 1072; so im Ergebnis auch BGH ZIP 1995, 1071, 1074.

329 BGH WM 1994, 1161.

330 BGH WM 1994, 1161, 1162.

331 BGH WM 1994, 1161, 1162; so auch die Instanzrechtsprechung, vgl. hierzu 1. Kapitel, B.II. und 2. Kapitel, C.III.1.

weiteren können Bürgschaften als Personalsicherheiten auch nicht mit den Realsicherheiten (Grundschulden, Sicherungsübereignungen) konkurrieren, weil der Freigabeanspruch des Sicherungsgebers immer dann schon gegeben ist, wenn der Wert der dinglichen Sicherheiten über die Höhe der Gläubigerforderung deutlich hinausgeht. Ob der Umfang bestehender Bürgschaften mit in die Bewertung einzubeziehen ist, richte sich dagegen unter Beachtung von Sinn und Zweck der getroffenen Vereinbarung sowie Treu und Glauben (§§ 157, 242 BGB) allein nach den jeweiligen Umständen des Einzelfalles. Die Voraussetzungen dafür können aber nicht durch eine qualifizierte Freigabeklausel sachgerecht geregelt werden.[332]

Während der IX. Senat des BGH[333] eine qualifizierte Freigabeklausel bei Globalsicherheiten für erforderlich hält, stellt der XI. Senat in seinem Urteil vom 10. Mai 1994[334] die Notwendigkeit einer ausdrücklichen Freigabeklausel in formularmäßigen Kreditsicherungsverträgen generell in Frage.[335]

In dieser Entscheidung hat der XI. Senat nachdrücklich seine Bedenken an der seit 1989 gewachsenen Rechtsprechung zur Frage der Erforderlichkeit einer Freigabeklausel bei Globalzessionen, Eigentumsvorbehalten und Sicherungsübereignungen von Warenlagern mit wechselndem Bestand geäußert. Das Gericht hat in diesem Zusammenhang die Rechtsprechung des VII., VIII. und IX. Senats zur Sicherheitenfreigabe als „problematisch" bezeichnet.[336]

Nach den Überlegungen des VII., VIII. und IX. Senats ist für die Wirksamkeit von Globalsicherungsverträgen eine qualifizierte Freigabeklausel erforderlich. Wesentliches Argument der vorgenannten Senate ist, daß nur

---

332 BGH WM 1994, 1161, 1162 f.

333 BGH WM 1994, 1161; BGH ZIP 1995, 1078, 1079.

334 BGH WM 1994, 1283 = BGH NJW 1995, 1798 = BGH BB 1994, 1241 = BGH ZIP 1994, 1010.

335 Diese Ansicht bestätigt der XI. Senat des BGH in seinen Urteilen vom 17. Januar 1995 in BGH WM 1995, 375, 376, vom 30. Mai 1995 in BGH ZIP 1995, 1071, 1073 und vom 27. Juni 1995 in BGH WM 1995, 1264, 1267.

336 BGH WM 1994, 1283, 1284.

die fixierte Deckungsgrenze mit Freigabeverpflichtung zeit- und kostenintensive Streitereien über die Frage vermeiden kann, ab wann eine unangemessene Übersicherung für den Sicherungsgeber vorliegt.[337] Der XI. Senat hält dem entgegen, daß sich trotz einer qualifizierten Freigabeklausel die Position des Sicherungsgebers nicht nennenswert verbessert. Denn auch ohne klauselmäßige Festlegung besteht ein Anspruch auf Freigabe nicht mehr benötigter Sicherheiten. Es spreche nichts dafür, daß der Sicherungsnehmer als Klauselverwender auch für nicht mehr bestehende Ansprüche weiterhin Sicherheiten beanspruchen wolle.[338]
Des weiteren werden auch die „Grenzziehungsprobleme," ob eine Übersicherung angemessen ist oder nicht, auch nicht durch eine konkrete Deckungsgrenze gelöst, da die eigentlichen Schwierigkeiten bei der Bewertung bereits im Zeitpunkt der Sicherheitenbestellung liegen.[339] Folglich sei ein zeit- und kostenintensiver Streit über die angemessene Übersicherung auch nicht bei einer festgelegten Deckungsgrenze gänzlich auszuschließen.
Besonders kritisch bemerkt der XI. Senat, daß die von der Rechtsprechung geforderten hohen Ansprüche an die Freigabeklauseln in der Regel nicht dem schützenswerten Sicherungsgeber zugute kommen.
Die Erfahrung würde zeigen, daß Streitigkeiten über die Freigabe von Forderungen zwischen Sicherungsgebern und Sicherungsnehmern selten sind. Nutznießer der vorgenannten Rechtsprechung seien fast immer die ungesicherten Konkursgläubiger. Deren Schutz wird aber gerade nicht durch § 9 Abs. 1 AGBG bezweckt.[340]

Mit dieser Entscheidung greift der XI. Senat im wesentlichen wieder die Problematik der Sicherheitenbewertung auf, ohne jedoch abschließend Stellung zu nehmen.[341] Die Schwierigkeiten in diesem Bereich wurden von der bisherigen Rechtsprechung allgemein vernachlässigt, insofern fehlt es an der in diesem Zusammenhang gebotenen Rechtsklarheit.

---

337 Stellvertretend für alle vgl. BGH WM 1990, 51.

338 BGH WM 1994, 1283, 1285.

339 BGH WM 1994, 1283, 1284.

340 BGH WM 1994, 1283, 1284.

341 Vgl. hierzu BGH ZIP 1995, 1071, 1073; BGH WM 1995, 1264, 1267.

Das OLG Hamm greift in seiner Entscheidung vom 24. August 1994[342] sowohl Aspekte der jüngsten Entscheidungen des IX.[343] als auch des XI. Senats[344] des BGH auf.

In dem vorliegenden Fall hatte das OLG Hamm über einen formularmäßigen Sicherungsvertrag zu befinden, in dem neben Globalsicherheiten auch eine Grundschuld an einem Betriebsgrundstück zur Sicherheit diente.

Das Gericht befand die formularmäßige Bestellung der Grundschuld auch ohne Freigabeklausel für wirksam und verwies in seiner Argumentation ausdrücklich auf den IX. Senat des BGH.[345] Auch die Tatsache, daß es sich um eine Grundschuld an einem Betriebsgrundstück handelte, mochte das OLG Hamm nicht anders entscheiden lassen. Die Auffassung des Klägers, daß durch die Mithaftung des Zubehörs bei Betriebsgrundstücken die Werthaltigkeit der Grundschulden unübersehbar steigen kann, konnte das OLG nicht teilen. Das Gericht vergleicht die Zubehörhaftung mit der Haftung von Betriebsinventar mit wechselndem Bestand aufgrund einer Sicherungsübereignung. Da der BGH in einem solchen Falle eine Freigabeklausel nicht für erforderlich hält, sei das bei der Zubehörhaftung nicht anders.[346]

Bezüglich der Beurteilung der Globalsicherheiten übernahm das OLG Hamm die Argumentation des XI. Senats des BGH[347] und zog das Erfordernis von qualifizierten Freigabeklauseln generell in Zweifel, weil sich zumindest ein vertraglicher Freigabeanspruch konkludent aus dem Sicherungsvertrag ergeben würde.[348]

Diese Ansicht blieb jedoch für den zu beurteilenden Sachverhalt ohne weitere Bedeutung, da die Globalsicherheiten alle mit qualifizierten

---

342 OLG Hamm WM 1994, 1840 = OLG Hamm NJW 1994, 2623.

343 BGH WM 1994, 1161.

344 BGH WM 1994, 1283.

345 OLG Hamm WM 1994, 1840, 1841.

346 OLG Hamm WM 1994, 1840, 1841.

347 BGH WM 1994, 1283.

348 OLG Hamm WM 1994, 1840, 1841; das OLG Hamm bestätigt dieses Urteil nochmals in WM 1995, 129.

Freigabeklauseln ausgestattet waren. Insofern ergab sich für die Kombination der wirksam bestellten Globalsicherheiten mit der gegenständlich beschränkten Grundschuld quasi ein Nebeneinander mehrerer beschränkter Sicherheiten.[349] Da dies nicht zu beanstanden ist, war der Sicherungsvertrag auch insgesamt wirksam.

Das OLG Hamm hat in dieser Entscheidung erstmals die von unterschiedlichen Senaten des BGH entwickelten Lösungsansätze bei der Freigabe von Sicherheiten kombiniert. Inwiefern dieses vereinende Lösungsmodell vom BGH selbst weiterentwickelt wird, bleibt abzuwarten.

Überraschen muß in diesem Zusammenhang ein Beschluß des IX. Senats des BGH vom 2. Februar 1995,[350] in dem die von einer Bank vor 1990 verwendeten Kreditsicherungsverträge als wirksam beurteilt wurden. Der BGH bestätigte in diesem Beschluß die Rechtsauffassung des OLG Hamm[351] als Vorinstanz.
Bei der höchstrichterlich untersuchten Klauseln handelt es sich um sogenannte *einfache Freigabeklauseln*,[352] die unter großem Zuspruch vom BGH in seinem Grundsatzurteil vom 29. November 1989[353] für unwirksam erklärt wurden.
Bemerkenswert ist dieser Beschluß vor allem deshalb, weil das damalige Urteil - gemeint ist das Urteil aus 1989 - eine besondere Tragweite

---

349 OLG Hamm WM 1994, 1840, 1842.

350 BGH WM 1995, 695.

351 OLG Hamm WM 1993, 2046, 2048: „ ... Im Lichte dieser Rechtsprechung war die ... Schuldnerin ... schon durch die Freigabebestimmung gem. Nr. 19 Abs. 6 der damaligen AGB der Banken *ausreichend* gesichert.“

352 Die zu prüfende Klausel lautete:

„Die Bank ist jederzeit verpflichtet, auf Verlangen des Sicherungsgebers die ihr zur Sicherung eines Kredites bestellten Sicherheiten nach ihrer Wahl insoweit freizugeben, als deren Gesamtwert die Deckungsgrenze nicht nur vorübergehend übersteigt...“

353 BGH WM 1990, 51.

entwickelte. Denn als Konsequenz daraus wurde die Freigabeverpflichtung der Banken in Nr. 19 Abs. 6 AGB-Banken a.F. für unzureichend erklärt.[354] Der Beschluß des IX. Senats vom 2. Februar 1995 bedeutet nun eine Abkehr von dieser Beurteilung, so daß Nr. 19 Abs. 6 AGB-Banken a.F. doch wieder als ausreichend angesehen wird.
In dem Beschluß äußerte sich der BGH auch zur Deckungsgrenze.[355] So sieht der BGH in der zu prüfenden Klausel eine ausreichend sichere Position des Sicherungsgebers für ein zukünftiges Freigabeverlangen als nicht gefährdet an. Eine objektive Deckungsgrenze bräuchte nicht festgesetzt zu werden, da der Klauselverwender sein Ermessen dahingehend beschränkt hatte, daß er eine Besicherung nur in Höhe des herausgelegten Kredites verlangen kann. Insofern besteht eine Freigabeverpflichtung des Sicherungsnehmers, sobald der Wert aller Sicherheiten den Betrag des in Anspruch genommen Kredites erreicht hat. Dies - so der BGH - reiche aus.

Der vorstehende Beschluß des BGH wird von den Kreditgebern, insbesondere von den Banken mit Interesse zur Kenntnis genommen werden.
Eine nachträgliche Rehabilitierung der vor 1990 verwendeten Klauseln bedeutet für die Kreditwirtschaft einen „Meilenstein," weil nicht zuletzt die strengeren Anforderungen der Rechtsprechung in der Praxis als kaum umsetzbar bezeichnet wurden.[356] Auf der anderen Seite kann ein Beschluß eines einzelnen Senates jedoch nicht die zutage getretene Divergenz der

---

354 Nunmehr gilt statt dessen die neue Freigabeverpflichtung in Form von Nr. 16 Abs. 2 AGB-Banken n.F.

355 Die vereinbarte Regelung lautete:

„Der Wert des Sicherungsgutes hat stets den jeweils vereinbarten Betrag zu erreichen, in dessen Höhe der Kredit gedeckt sein muß (Deckungsgrenze). Soweit eine besondere Vereinbarung nicht getroffen worden ist, muß der Wert des Sicherungsgutes zumindest dem Gesamtbetrag der gesicherten Ansprüche entsprechen. Unterschreitet der Wert des Sicherungsgutes die Deckungsgrenze oder mangels einer solchen Vereinbarung den Gesamtbetrag der gesicherten Ansprüche, so ist der Sicherungsgeber zu einer entsprechenden Ergänzung des Sicherungsgutes verpflichtet."

356 Bruchner WuB I F 3.-2.94.

übrigen mit der Sicherheitenfreigabe befaßten Senate ausräumen. Neuhof[357] ist insofern zuzustimmen, daß auch die nächste Grundsatzentscheidung des BGH nicht zu einer abschließenden Klärung dieser Problematik führen wird. Zu einem Konsens kann es nur kommen, wenn der Große Senat für Zivilsachen sich uneingeschränkt der Rechtsprechung eines der Senate anschließt und gleichzeitig die Rechtsauffassungen der anderen Senate eindeutig abweist.[358] Dann wäre zwar der Disput der unterschiedlichen Senate beigelegt, doch das Thema nach wie vor virulent, weil ohne gefestigte Rechtsprechung die Rechtsunsicherheit bestehen bleibt. Die Debatte über Lösungsmöglichkeiten, die weder die bisherige Rechtsprechung bestätigt noch diese total verwirft, ist somit immer noch von wissenschaftlicher Bedeutung.

---

357 Neuhof NJW 1995, 1068, 1070.

358 So auch Serick ZIP 1995, 789, 792.

# 3. Kapitel
# Auswirkungen der Rechtsprechung auf das Kreditsicherungsrecht

## A. Angestrebte Ziele der Rechtsprechung

### I. Vermeidung einer unzulässigen Übersicherung

Die von der Rechtsprechung vorgegebenen Auflagen zur Vermeidung einer unzulässigen Übersicherung werden nach wie vor heftig diskutiert.
Die Entwicklung der Rechtsprechung zur Freigabe von Kreditsicherheiten schien zunächst beendet, da mit den beiden Entscheidungen des BGH vom 13. Februar 1994[359] Rechtsklarheit insoweit geschaffen wurde, als unterschiedliche Anforderungen an die Kreditsicherungsverträge gestellt wurden, je nachdem, ob es sich um Global- oder um Singularsicherheiten handelt.

Anknüpfungspunkt für die Überlegungen des BGH zum Schutz der i.d.R. schwächeren Sicherungsgeber, waren die Globalsicherheiten. Eine Freigabe, die hier nur auf das „billige Ermessen" abstelle und auch keine ausdrückliche Freigabeverpflichtung aufweise, sei nicht geeignet, eine unangemessene Übersicherung zu verhindern. Es bedürfe daher eines formulierten Rechtsanspruchs auf Freigabe, der eine konkrete Deckungsgrenze (als „objektive Orientierungsgröße"[360]) enthält.

Befürworter[361] sahen in der Deckungsgrenze die Position des Sicherungsgebers insbesondere bei der Globalzession gestärkt, da er in zumutbarer Weise sehen kann, welche angemessene Übersicherung der Sicherungsnehmer beanspruchen kann. Bei der Durchsetzung des Freigabeanspruchs könnte sich der Sicherungsgeber auf diese Weise zeitraubende und kostenaufwendige Streitereien ersparen.

---

359 BGH WM 1994, 414; BGH WM 1994, 419.

360 BGH WM 1990, 51, 52.

361 Bunte WuB I F 4.-3.90; Bülow ZBB 1990, S. 29 ff.

Die Kritiker[362] dieser Auffassung wiesen darauf hin, daß diese Rechtsprechung die Position des Sicherungsgebers nicht nennenswert verbessern würde. Dem Sicherungsgeber stünde auch ohne klauselmäßige Festlegung ein Anspruch auf Freigabe nicht mehr benötigter Sicherheiten zu. Im Gegensatz zum klauselmäßigen Freigabeanspruch bestehen beim vertraglichen bzw. gesetzlichen Freigabeanspruch keine Grenzziehungsprobleme durch die Festlegung einer konkreten Deckungsgrenze, die eigentlich durch die Schwierigkeiten bei der Sicherheitenbewertung begründet sind.
Dieser Ansicht schloß sich der XI. Senat des BGH in seiner Entscheidung vom 10. Mai 1994[363] an, wobei er die Rechtsprechung der anderen Senate im Hinblick auf die Anforderungen bei den Globalsicherheiten als „problematisch" bezeichnete und somit die Diskussion erneut belebte.

Obwohl der IX. Senat des BGH[364] in seinen Entscheidungsgründen ausschließlich auf die Sicherungsübereignung bestimmter Sachen oder einer feststehenden Sachgesamtheit abstellt, sind die in diesen Urteilen entwickelten Grundsätze generell auf alle anderen Singularsicherheiten, wie z.B. die Einzelabtretung und die Sicherungsgrundschuld, anwendbar.[365]
Das ergibt sich insbesondere auch daraus, daß Singularsicherheiten i.d.R. nicht teilbar sind und demnach auch nicht teilweise freigegeben werden können.[366]
Einer Freigabeklausel mit zahlungsmäßig bestimmter Deckungsgrenze bedarf es daher bei Singularsicherheiten nicht.

---

[362] Weber JZ 1990, 493, 494; Wolf EWiR § 9 AGBG 5/90, S. 215; Ulmer/Brandner/Hensen Anh. §§ 9-11 AGBG Rn. 658.

[363] BGH WM 1994, 1283, 1284.

[364] BGH WM 1994, 414; BGH WM 1994, 419.

[365] BGH ZIP 1995, 1071, 1073; OLG Celle WM 1994, 1519; OLG Karlsruhe WM 1994, 1614, 1618; Ganter ZIP 1994, 257, 262.

[366] Ganter ZIP 1994, 257, 263.

Für Kreditsicherungsverträge kommt es somit anhand der Sicherungsmittel zu einer wesentlichen Unterteilung in Global- und Singularsicherheiten mit den jeweils stark voneinander abweichenden Wirksamkeitserfordernissen. Insofern stellt sich die Frage, ob diese von der Rechtsprechung so generelle Unterteilung der Kreditsicherungsverträge sinnvoll ist.
Es ist weiterhin zu untersuchen, inwieweit eine strikte Trennung auch verwandter Sicherungsmittel die notwendige Rechtsklarheit garantiert. Man denke nur an die messerscharfe Grenzziehung zwischen Sicherungsübereignungen eines Lagers mit wechselndem Bestand und der Sicherungsübereignung einer Sachgesamtheit mit festem Bestand, wenn es sich hierbei z.B. um eine komplizierte Fertigungsanlage in der Autoindustrie oder um ein Rechenzentrum mit einem Großcomputer handelt. Ganz zu schweigen von der Problematik der Nachschub- und Ersatzklauseln, die Sachgesamtheiten mit festem Bestand ohne weiteres das Gepräge einer Sachgesamtheit mit wechselndem Bestand geben können.
Des weiteren stellt sich die Frage, ob die für Globalsicherheiten geforderte qualifizierte Freigabeklausel den erwünschten Erfolg bringt und auf der anderen Seite, ob der gesetzliche und durch Richterrecht verfestigte Freigabeanspruch bei den Singularsicherheiten wirklich ausreicht.

Das Erfordernis einer konkreten Deckungsgrenze bei Globalsicherheiten zum Schutz vor einer unangemessenen Übersicherung begründet der BGH hauptsächlich damit, daß dadurch ein zeit- und kostenintensiver Streit vermieden wird. Gemeint ist damit der Streit zwischen Gläubiger und Sicherungsgeber, welche Übersicherung noch als angemessen anzusehen ist. Der Grad der Übersicherung ergibt sich dabei aus der Höhe des Sicherungsbestandes, welcher zur Höhe der zu sichernden Verbindlichkeit ins Verhältnis gesetzt wird. Eine von vornherein festgesetzte Deckungsgrenze drückt eben diese Verhältniszahl aus.
Daraus ergeben sich jedoch unmittelbar Folgeprobleme. Maßgebend ist für die Festlegung der Deckungsgrenze nämlich, von welchen Basiszahlen auszugehen ist.
Problematisch ist hierbei nicht so sehr die Bewertung der zu sichernden Forderung, sondern vielmehr die Bewertung der Sicherheiten. So kann die Bewertung hier höchst unterschiedlich ausfallen, je nachdem welche Bewertungsmaßstäbe angelegt werden. Neben verschiedenen

Bewertungsmethoden kann u.a. von einem Nenn- bzw. Nominalbetrag oder von dem realisierbaren Wert ausgegangen werden.[367]
Der BGH[368] führte dazu aus, daß mögliche Auseinandersetzungen über die Bewertung weniger einschneidend seien, als die über eine angemessene Übersicherung. Diese Argumentation ist allerdings nicht nachvollziehbar, weil rechtliche Streitereien nicht in unterschiedliche Qualitäten eingeteilt werden können. Jede zu erwartende Streitigkeit birgt zumindest die Gefahr, eine zeit- und kostenintensive rechtliche Auseinandersetzung führen zu müssen, die es zu vermeiden gilt. Somit käme man mit der Argumentation des BGH nur vom Regen in die Traufe.

## 1. Mangelhafte Deckungsgrenzen

Der Mangel an der konkreten Deckungsgrenze wird an anderer Stelle ganz besonders deutlich, nämlich bei der generellen Frage, welche durch die Deckungsgrenze festgelegte Überdeckung als angemessen zu bezeichnen ist. Dieser Schritt kommt zwar gedanklich vor der Festlegung, ist aber vielfach Auslöser für nachträgliche Streitereien gewesen. Im laufenden Geschäftsverhältnis wird ohnehin kaum von der Freigabeklausel Gebrauch gemacht. Entscheidend ist die Bedeutung der Freigabeklausel daher i.d.R. erst in wirtschaftlichen Krisen des Schuldners, d.h. wenn es um seine geschäftliche Existenz geht und in diesem Zusammenhang die Klausel rechtlich überprüft wird. In geordneten Verhältnissen wird eine rechtliche Prüfung der Klausel auch schon um der guten Zusammenarbeit wegen unterlassen. Lambsdorff[369] bezeichnet daher eine Freigabeklausel auch als „typische Krisenklausel".
Die Grenzziehungsprobleme bei der Deckungsgrenze ziehen sich wie ein roter Faden durch die Rechtsprechung. Um so unverständlicher ist daher die Ansicht des BGH, die Angemessenheitsproblematik bei der Übersicherung durch eben eine solche Deckungsgrenze in den Griff bekommen zu haben.

---

367 Vgl. dazu die obigen Ausführungen im 1. Kapitel, B.I.

368 BGH WM 1990, 51 ff.

369 Lambsdorff ZIP 1986, 1524, 1526.

Die Anzahl der Streitigkeiten ist dabei nicht unbedingt auf die Streitlust der einzelnen Vertragsparteien zurückzuführen, sondern vielmehr darauf, daß die Rechtsprechung jeweils zu höchst unterschiedlichen Ergebnissen kam.[370] Die zu wünschende Konstanz durch die Rechtsprechung bleibt bis heute aus und ebnet so erst den Nährboden für weitere Streitigkeiten.

Bei Globalzessionen aufgrund eines verlängerten Eigentumsvorbehaltes und bei erweiterten und verlängerten Eigentumsvorbehalten an sich, gilt nun eine Übersicherung bis 20 % als rechtmäßig.[371]
Beachtenswert ist dabei, daß die 20%ige Übersicherungsmarge erst in den jüngsten Entscheidungen dahingehend präzisiert wurde, daß bei der Berechnung vom realisierbaren Wert auszugehen ist, obwohl die Margenhöhe von 20 % schon lange Rechtsprechungspraxis war.
Bemerkenswert an dieser Rechtsprechung ist zudem, daß eine vom BGH[372] einmal bestätigte Übersicherung von 25 % nach wie vor im Raum steht, ohne daß der BGH in nachfolgenden Entscheidungen auf diese Marge überhaupt Bezug genommen hat.

## 2. Die überindividuell generalisierende Betrachtungsweise des BGH

Der BGH[373] führt mehrfach aus, daß die Freigabeklausel aufgrund von § 9 Abs. 1 AGBG nach einer „überindividuell generalisierenden Betrachtung unter Berücksichtigung der typischen Interessen der Beteiligten" zu beurteilen ist. Der konkrete Einzelfall spiele dabei keine Rolle.
Diese pauschalisierende Betrachtungsweise kann nicht zu gerechten Ergebnissen führen und steht mit der in Prozessen zu findenden Einzelfall-

---

370 Die Übersicherungsmargen schwanken zwischen 20 und 50 % , vgl. hierzu u.a. BGH WM 1986, 1545; BGH WM 1990, 1389; BGH WM 1991, 1273.

371 BGH WM 1969, 1072; BGH WM 1977, 1353; BGH WM 1978, 1208; BGH WM 1985, 605; BGH WM 1990, 1389.

372 BGH WM 1958, 252.

373 BGH WM 1986, 1545, 1547; BGH WM 1992, 813, 814.

gerechtigkeit im diametralen Widerspruch. Eine Entscheidung des OLG Braunschweig[374] verdeutlicht diese Problematik: Dort wurde bei einem sicherungsübereigneten Lager mit wechselndem Bestand - hauptsächlich Baumwolle - eine 400%ige Übersicherungsmarge als nicht angemessen beurteilt, obwohl aufgrund der negativen Marktentwicklung selbst diese Marge nicht ausgereicht hatte. Der konkrete Einzelfall blieb unbeachtet, es wurde lediglich angeführt, daß wegen des bekanntlich schwankenden Wollmarktes eine 200%ige Marge möglicherweise nicht hätte beanstandet werden können.
Diese Inaussichtstellung (200 %) fällt zwar deutlich aus dem ansonsten gewährten Übersicherungsrahmen, berücksichtigt aber die vom BGH genannten „branchenspezifischen Besonderheiten."[375] Doch was nützt eine generelle oder branchenspezifische Betrachtung, wenn im entscheidenden Fall, dem Fall der wirtschaftlichen Krise, die Situation anders ist als ursprünglich erwartet?

Aus dem Gesagten ergeben sich folgende Konsequenzen:
Eine allgemeingültige Deckungsgrenze ist genauso wertlos, wie eine, die sich an einer speziellen Branche orientiert. Erst der Krisenfall ermöglicht eine abschließende Feststellung, ob die Marge zu hoch oder eventuell zu niedrig war. Der Eintritt eines solchen Krisenfalles ist allerdings nicht prophezeibar und daher auch in seinen Ausmaßen uneinschätzbar.
Dies wird besonders deutlich bei sicherungsübereigneten Warenlagern mit wechselndem Bestand, wo sich der Sicherheitenwert laufend ändert, weil jeder Lieferungsein- und ausgang oder verschiedene Verarbeitungsvorgänge neue Lagerbewertungen zur Folge haben.

Somit kann eine Sicherheitenbewertung und eine Festlegung der Marge zum Zeitpunkt des Vertragsschlusses nur dann zu befriedigenden Ergebnissen führen, wenn der im Verwertungsfall zu erzielende Erlös als Sicherheitenwert zugrunde gelegt wird. Es ist also auf den realisierbaren Wert abzustellen, welcher aber wiederum Diskussionen über die Grundlagen der Sicherheitenermittlung für die Zukunft auslöst.

---

374 OLG Braunschweig WM 1991, 802.

375 BGH WM 1985, 605, 607; BGH WM 1992, 813, 814.

Daraus folgt, daß ein realisierbarer Wert nur dann als Maßstab funktioniert, wenn er von vornherein ohne große Wertschwankungen ermittelbar ist. Da das aber gerade bei Waren mit Börsen- oder Marktpreisen oder mit von Mode bestimmten Waren nicht der Fall ist, kann eine Bemessung der Sicherheit zum Zeitpunkt des Vertragsschlusses nie zeit- und kostenintensive Streitereien vermeiden. Eine vorherige Sicherheitenentwicklung ist somit immer mangelhaft. Folglich kann es eine konkrete Wertermittlung nur im Sicherungsfall geben.

Aus alledem folgt, daß die vom BGH verlangte Deckungsgrenze bei Globalsicherheiten ihr Ziel, nämlich die Vermeidung von zeit- und kostenintensiven Streitigkeiten, verfehlt hat. Weder Streitigkeiten über die Höhe der Übersicherung werden ausgeschlossen, noch Streitigkeiten über die Bewertung der Sicherheiten.

## 3. Die ausdrückliche Freigabeverpflichtung

Neben der Deckungsgrenze verlangt die Rechtsprechung bei Globalsicherheiten eine ausdrückliche Freigabeverpflichtung.[376]
Diese Freigabeverpflichtung ist nur schuldrechtlicher Natur und gibt dem Sicherungsgeber lediglich das Recht, die teilweise Freigabe seiner nicht mehr benötigten Sicherheiten zu verlangen. Die dingliche Rechtslage wird also nicht unmittelbar durch die Geltendmachung des Freigabeverlangens verändert.[377]
Die Intention der ausdrücklichen Freigabeverpflichtung ist die gleiche wie bei der vom BGH geforderten Deckungsgrenze, nämlich mögliche Reibungspunkte zwischen Sicherungsgebern und Sicherungsnehmern zu vermeiden, damit zeit- und kostenintensive Streitereien ausbleiben.

---

[376] Vgl. BGH WM 1985, 605.

[377] Warum der BGH hier eine schuldrechtliche Verpflichtung ausreichen läßt, während er für die Freigabe bei der Globalabtretung künftiger Forderungen an eine Bank eine dingliche Teilverzichtsklausel verlangt, erläutert er in BGH WM 1977, 1353 und BGH WM 1985, 605.

Die unterschiedlichsten Varianten der wörtlichen Gestaltung provozieren Rechtsstreitigkeiten, ob die jeweilige Klausel lediglich eine freiwillige Freigabe festlegt oder dem Sicherungsgeber einen festen Freigabeanspruch garantiert.[378]
Einigkeit besteht jedenfalls darin, daß die Freigabe erst auf Verlangen des Sicherungsgebers erfolgt, und zwar auch dann, wenn die Formulierung „auf Verlangen des Kunden" o.ä. einmal fehlt.[379] Begründet wird diese Ansicht vom BGH damit, daß der Sicherungsgeber als Lieferant i.d.R. sehr viel einfacher den Wert des jeweiligen Bestandes an Sicherheiten feststellen kann als der Sicherungsnehmer.[380]
Der dem Freigabeverlangen folgende Freigabeanspruch kann jedoch wieder in Streitigkeiten münden. Das ist der Fall, wenn der Sicherungsnehmer der Freigabe nicht nachkommt, da er von einer vorliegenden Übersicherung nicht überzeugt ist. Der Sicherungsnehmer ist dann zwar beweispflichtig, doch kann letztlich die tatsächliche Übersicherung nur gerichtlich geklärt werden.
Ein weiteres Problem stellt die Auswahl der Sicherheiten dar. In der Regel ist sie jedoch unproblematisch, da die Klauseln meist eindeutig der einen oder anderen Partei das Wahlrecht zubilligen („ ... Freigabe von Sicherheiten *nach seiner Wahl* verpflichtet."). Eine gerichtliche Auseinandersetzung droht in diesen Fällen nur, wenn die Klauseln nicht eindeutig formuliert sind und nach dem Grundsatz von Treu und Glauben entschieden werden muß.[381]

Die Freigabeklausel, die die Geltendmachung des Freigabeanspruchs proklamiert, birgt eine Mißbrauchsgefahr in sich. Sie könnte nämlich den

---

378 Beispiele für Freigabeverpflichtungsklauseln: „ ... so sind wir auf Verlangen des Sicherungsgebers zur Rückübertragung verpflichtet." in: BGHZ 7, 365, BGH WM 1985, 605; „ ... wird der Sicherungsnehmer voll bezahlte Lieferungen nach seiner Wahl freigeben." in: BGHZ 26, 185; „ ... so sind wir auf Verlangen des Bestellers insoweit zur Freigabe von Sicherheiten nach seiner Wahl verpflichtet." in: BGH WM 1977, 1353.

379 Lambsdorff ZIP 1986, 1524, 1528.

380 BGH WM 1985, 605, 607.

381 Vgl. Lambsdorff ZIP 1986, 1524, 1529.

Sicherungsgeber ermuntern, nach jeder Tilgungsrate eine anteilige Freigabe zu verlangen. Ein solches Verhalten würde eine Störung des Geschäftsablaufs zur Folge haben. Einem derartigen fortwährenden Freigabeverlangen kann der Einwand der unzulässigen Rechtsausübung entgegengesetzt werden.[382]
Das darf allerdings nicht bedeuten, daß seitens des Sicherungsgebers angestrebte Überprüfungen der Übersicherung nur auf die Fälle der Beendigung der Geschäftsbeziehung bzw. bei wirtschaftlichen Krisen möglich sein sollen. Eine solche Praxis würde die Zielrichtung der Freigabeverpflichtung völlig verkehren. Die Freigabeverpflichtung soll ja gerade ermöglichen, daß überschüssige Sicherheiten während der Geschäftsbeziehung freigegeben werden können („ ...auf Verlangen...").
Eine Freigabe darf daher nur aus berechtigtem Grund wahrgenommen bzw. verweigert werden. Maßstab hierfür ist der Grundsatz von Treu und Glauben gem. § 242 BGB. Wie im Streit letztlich die abschließende Lösung aussieht, unterliegt jedoch einer richterlichen Entscheidung, welche womöglich erst nach einem zeit- und kostenintensiven Verfahren vorliegt. Insofern verwirklicht auch die ausdrückliche Freigabeverpflichtung nicht das angestrebte Ziel einer Streitvermeidung.

## II. Vermeidung der Gläubigergefährdung

Die Übersicherungsgefahr bei Kreditverträgen hat in den letzten Jahren zu einer Stärkung der Position der Sicherungsgeber durch die Rechtsprechung geführt.
Maßstab für die Überprüfung der Übersicherung ist im wesentlichen § 9 AGBG. Die Rechtsprechung mußte bei der Überprüfung der Sicherungsverträge einen angemessenen Interessenausgleich zwischen den einzelnen Vertragspartnern berücksichtigen. Dabei standen sich insbesondere das Sicherungsinteresse des Kreditgebers und das Interesse des Sicherungsgebers auf größtmögliche wirtschaftliche Bewegungsfreiheit gegenüber. Des weiteren durfte die Sicherungsvereinbarung weder einer Kredittäuschung noch einer anderen Gläubigergefährdung Vorschub leisten.

---

[382] Lambsdorff ZIP 1986, 1524, 1531.

Die Rechtsprechung versucht dieses Spannungsfeld unter Anwendung von Freigabeklauseln mit besonderen inhaltlichen Anforderungen in den Griff zu bekommen.
Die von der Rechtsprechung nunmehr nur für die Globalsicherheiten verlangte qualifizierte Freigabeklausel soll in erster Linie den Sicherungsgeber vor Übersicherung schützen.
Das Ergebnis der Rechtsprechung ist jedoch ein anderes. Die verschärfte Rechtsprechung führt nicht etwa zur Verbesserung der Lage der Sicherungsgeber, sondern stärkt fast ausschließlich die Position der ungesicherten Gläubiger im Konkurs.[383]
Wann letztlich der Nachweis erbracht ist, ob eine Freigabeklausel ihren Sinn erfüllt hat und wer Begünstigter dieser Klausel wurde, entscheidet sich in der Regel erst, wenn der Schuldner insolvent geworden ist.[384] In der Kreditpraxis sieht es üblicherweise so aus, daß die im vollen Umfange gesicherte Bank stets freiwillig und sofort einem möglichen Freigabeverlangen des Sicherungsgebers nachkommt, weil der bonitätsmäßig einwandfreie und damit zugleich gute Kunde andernfalls an die Konkurrenz verloren ginge.
Im umgekehrten Fall, daß nämlich die Bank nicht ausreichend gesichert ist, wird verständlicherweise von beiden Vertragsparteien kein Freigabeverlangen ernstlich angestrebt.
Insofern läßt sich leicht nachvollziehen, warum der häufigste Fall der Freigabeklauselüberprüfung erst bei der Insolvenz des Schuldners zum Tragen kommt, und zwar dann, wenn der Konkursverwalter das Absonderungsrecht der Sicherungsnehmer bestreitet.[385]
Folgende Situation kann dabei entstehen: Wenn der Sicherungsnehmer trotz unwirksamer Sicherheitenbestellung das Sicherungsgut nach Eintritt des Sicherungsfalles verwertet, steht dem Sicherungsgeber ein Herausgabeanspruch des Verwertungserlöses nach den §§ 812 ff. BGB zu. Diesen Bereicherungsanspruch kann der Sicherungsnehmer allerdings mit seiner

---

383 Nielsen WM 1994, 2221, 2222; Bruchner WuB I F 3.-2.94; Nobbe WuB I F 4.-5.94.

384 Ganter ZIP 1994, 257, 264.

385 Ganter ZIP 1994, 257, 264.

Kreditforderung gegen den Kreditnehmer aufrechnen, so daß sich die gegensätzlichen Ansprüche praktisch ausgleichen.
Völlig anders ist jedoch die Situation im Konkurs des Kreditnehmers, wenn die Verwertung durch den Sicherungsnehmer erst nach eingetretener Konkursreife erfolgt ist. In diesem Fall wird der Konkursverwalter den Verwertungserlös durch die Konkursanfechtung nach § 30 KO zur Masse ziehen, wenn es zu einer Verwertung vor Konkurseröffnung gekommen ist. Bei Verwertungen nach Konkurseröffnung versucht der Konkursverwalter die erzielten Erlöse gem. §§ 812 ff. BGB der Masse zuzuschlagen, wobei dann zudem ein Aufrechnungsverbot nach § 55 Nr. 1 KO greift.
Eine Überprüfung der Freigabeklauseln bei Globalsicherheiten kann in diesem Zusammenhang somit gravierende und ungewollte Folgen haben. Entspricht eine Freigabeklausel nicht den Anforderungen der Rechtsprechung, so ist sie nichtig und der vermeintlich abgesicherte Kreditgeber stünde „mit leeren Händen" da. Der Sicherungsnehmer hätte in diesem Falle sowohl seinen herausgelegten Kredit als auch die dafür geforderten Sicherheiten verloren. Der Konkursverwalter hingegen hätte einen Anspruch gegen den Kreditgeber auf Herausgabe der Sicherheiten. Im Ergebnis würde der Kreditgeber so dastehen, als ob er sich nie abgesichert hätte.[386] Die Folgen wären die gleichen wie bei einem notleidenden Blankokredit. Das kann offensichtlich nicht gewollt sein, denn eine Sicherheit soll dem Kreditgeber gerade im Fall der Insolvenz seines Schuldners zur Verfügung stehen.

Insofern ist zu untersuchen, welche Drittinteressen mit in den Prüfungsmaßstab des § 9 Abs. 1 AGBG einzubeziehen sind.
Nach dem Wortlaut des § 9 Abs. 1 AGBG müssen Drittinteressen gänzlich außer Betracht bleiben.[387] Dem hat auch der BGH in seinem Urteil vom 10. Mai 1994 zugestimmt.[388] Es ist allerdings genau zu definieren, ob es sich im konkreten Fall um reine Drittinteressen oder zumindest um parallel laufende Eigeninteressen des Sicherungsgebers handelt. Unbestritten können

---

[386] Ganter ZIP 1994, 257, 264.

[387] MüKo-Kötz § 9 AGBG Rn. 11.

[388] BGH WM 1994, 1283.

Drittinteressen auf die Abwägung bei § 9 Abs. 1 AGBG Einfluß nehmen.[389] Das ist dann der Fall, wenn die wirtschaftliche Bewegungsfreiheit des Sicherungsgebers durch einen übersicherten Sicherungsnehmer eingeschränkt wird. Der Sicherungsgeber könnte die nicht mehr zur Unterdeckung benötigten Sicherheiten unter Umständen für neue Kreditaufnahmen bei anderen Kreditgebern verwenden. Der mangelnde Zugriff zu den nunmehr überflüssigen Sicherheiten, die noch beim vorherigen Sicherungsnehmer verbleiben, beeinträchtigen automatisch die Kreditwürdigkeit des Sicherungsgeber gegenüber Dritten. In diesem Fall laufen die Drittgläubigerinteressen mit denen des Sicherungsgebers parallel. Daraus kann jedoch nicht abgeleitet werden, daß sich sämtliche Interessen der Drittgläubiger im Zusammenhang mit der Übersicherungsproblematik gleichzeitig als solche des Sicherungsgebers darstellen. Göbel[390] führte dazu aus, daß der Schutz des § 9 AGBG und die salvierende Wirkung einer Freigabeklausel beim Übersicherungsproblem dort versagen muß, wo es um den Schutz spezifischer Interessen der Drittgläubiger geht.

Aus alledem folgt, daß der Schutz der Gläubiger im Konkurs bzw. der Konkursverwalter durch die Freigabeklauseln nicht bezweckt ist. Daß aber gerade diese Gruppe Nutznießer[391] der Rechtsprechung geworden ist, zeigt, daß die Schutzinteressen der beiden eigentlichen Vertragsparteien in Wirklichkeit von der Rechtsprechung nicht berücksichtigt wurden.
Zutreffend merkt Bruchner[392]dazu an, daß in den meisten publizierten Entscheidungen der Konkursverwalter als „lachender Dritter" in Erscheinung tritt, während jene Gläubiger regelmäßig ausfallen, denen der Sicherungsgeber eigentlich eine Sicherheit verschaffen wollte.

Die Rechtsprechung gewichtet somit die schutzwürdigen Interessen in einer Kreditbeziehung nicht wie ursprünglich angestrebt und befindet sich zudem im Widerspruch zur Intention des § 9 AGBG.

---

389 Ulmer/Brandner/Hensen § 9 Rn. 124.

390 Göbel, S. 131.

391 Nielsen WM 1994, 2221, 2222.

392 Bruchner WuB I F 3.-2.94.

## III. Resümee

Die Ausführungen haben gezeigt, daß die von der Rechtsprechung geforderte qualifizierte Freigabeklausel für Globalsicherheiten keine befriedigende Lösung des Übersicherungsproblems anbietet. Es werden weder zeit- und kostenintensive Streitigkeiten vermieden, noch ist das eigentliche Problem der Übersicherung in den Griff zu bekommen. Außerdem werden die Sicherungsgeber nicht in dem Maße geschützt, wie es eigentlich geplant war. Im Gegenteil, es wird ein Schutzschild gerade vor einer Gruppe errichtet, die außerhalb der Vertragsbeziehung zwischen Sicherungsnehmern und Sicherungsgebern steht, nämlich den Konkursverwaltern.

Die qualifizierte Freigabeklausel ist unbrauchbar. Die von der Rechtsprechung genannten inhaltlichen Anforderungen an die Freigabeklausel laufen trotz ausdrücklicher Freigabeverpflichtungen solange ins Leere, wie sie vom Sicherungsnehmer nicht freiwillig und sofort erfüllt werden. Wird die Freigabe dann vom Sicherungsgeber über eine Klage erzwungen, ist sie aufgrund der zeitlichen Verzögerung in der Regel wertlos. Obwohl der BGH[393] schon in einer früheren Entscheidung auf diese Problematik hingewiesen hat, hält er unverständlicherweise an einer Rechtsprechung fest, die dieses Problem bis heute nicht zu lösen vermag.
In seinem Urteil vom 13. Januar 1994[394] führt der BGH zwar aus, daß „in Anwendung der §§ 157, 242 BGB ... der Sicherungsgeber einen Teil der Sicherheiten zurückverlangen kann, sobald eine endgültige Übersicherung des Gläubigers eingetreten ist," doch werden dadurch kosten- und zeitintensive gerichtliche Auseinandersetzungen nicht vermieden. Die qualifizierte Freigabeklausel verlagert lediglich den Streit von der Frage, ob ein Freigabeanspruch besteht, dahingehend, wie der Anspruch zu erfüllen ist.[395]

---

393 BGH WM 1992, 813, 814.

394 BGH WM 1994, 414, 416.

395 Weber WM 1994, 1549, 1555.

Diese Rechtsprechungspraxis hat zudem eine weitere - bereits oben angesprochene - Folge, nämlich, daß die zu erwartenden Streitigkeiten nicht zwischen den Sicherungsnehmern und Sicherungsgebern ausgetragen werden, sondern vielmehr zwischen den Konkursverwaltern und den Sicherungsnehmern. Den Konkursverwaltern ist dabei allerdings kein Vorwurf zu machen, da sie aus haftungsrechtlichen Gründen kaum anders handeln können.[396] Trotzdem war ihr Schutz nicht beabsichtigt und verstößt gegen die Intention des § 9 AGBG.

Schließlich bleibt festzuhalten, daß die Freigabeklauseln die mit der Übersicherung im Zusammenhang stehenden Streitigkeiten nicht lösen können. In Einzelfällen helfen sie zwar die wirtschaftliche Bewegungsfreiheit der Sicherungsgeber zu stärken, doch sind sie wenig effektiv, weil in der Regel das Übersicherungsproblem nicht gelöst wird oder aber andere Probleme nach sich gezogen werden.

Im Hinblick auf die Übersicherung lautet daher das Resümee, daß in Wirklichkeit die Freigabeklausel nicht dem Schutzinteresse der Sicherungsgeber dient, sondern lediglich der von der Rechtsprechung auferlegten Gefahr, der Unwirksamkeit der Sicherheitenbestellung vorzubeugen.[397]

Besonderes Interesse verdient in diesem Zusammenhang daher die Entscheidung des XI. Senats des BGH vom 10. Mai 1994,[398] weil hier dieses Problem erstmals angesprochen und sich zudem kritisch mit der Rechtsprechung anderer Senate auseinandergesetzt wird. Der XI. Senat führt in dieser Entscheidung aus, „ ... daß die Rechtsprechung die Position des Sicherungsgebers nicht nennenswert verbessert, insbesondere weil dieser einen Anspruch auf Freigabe nicht mehr benötigter Sicherheiten auch ohne klauselmäßige Festlegung hat, und weil die Grenzziehungsprobleme durch eine konkrete Deckungsgrenze nicht gelöst werden, da die eigentlichen

---

[396] Nobbe WuB I F 4.-5.94.

[397] Vgl. Bruchner WuB I F 3.-2.94.

[398] BGH WM 1994, 1283.

Schwierigkeiten bei der Bewertung der ... Sicherheiten ... bereits im Zeitpunkt der Sicherheitenbestellung liegen."[399]
Der XI. Senat sieht somit den Lösungsansatz für die Übersicherungsproblematik nicht beim Übersicherungsgrad, sondern beim Bewertungsmaßstab des jeweiligen Sicherungsmittels.

Der IX. Senat des BGH hat in seinem Beschluß vom 2. Februar 1995[400] die vor 1990 von den Banken verwendeten Kreditsicherungsverträge für wirksam beurteilt und somit außerdem den Freigabeanspruch gem. Nr. 19 Abs. 6 AGB-Banken a.F. für „ausreichend" erklärt.
Bei dieser einfachen Freigabeklausel ist der Sicherungsgeber nach *billigem Ermessen* verpflichtet, bei nicht bloß vorübergehender Übersicherung, Sicherheiten nach seiner Wahl auf Verlangen des Sicherungsgebers freizugeben. Das Gericht ist dabei der Meinung, daß eine in das billige Ermessen des Sicherungsnehmers gestellte Freigabeverpflichtung, eine unangemessene Benachteiligung im Sinne von § 9 AGBG oder sittenwidriges Handeln gem. § 138 BGB eher ausschließt, als die Vereinbarung einer „auf Mark und Pfennig" festgesetzten objektiven Deckungsgrenze.[401] Zwar ist der Argumentation insoweit zuzustimmen, wonach das „billige Ermessen" gem. § 315 BGB objektiv der Billigkeit entsprechen muß und dies gerichtlich überprüfbar ist (§ 315 Abs. 3 BGB), so daß Willkür ausgeschlossen ist.[402] Doch sind der einfachen Freigabeklausel erhebliche Schwächen entgegenzuhalten. Der VIII. Senat des BGH[403] formulierte dazu, daß auch bei festen Deckungsgrenzen Streit entstehen kann, dieser lasse sich jedoch nicht mit den weit größeren Schwierigkeiten vergleichen, denen der Sicherungsgeber ausgesetzt sein könne, wenn er ohne Festlegung von Deckungsgrenzen die Freigabe durchsetzen wolle.

---

399 BGH WM 1994, 1283, 1284.

400 BGH WM 1995, 695.

401 So auch Weber EWiR § 138 BGB 2/91, S. 227, 228.

402 Werhahn EWiR § 9 AGBG 20/89, S. 1049; Bülow ZBB 1990, 29, 31.

403 BGH WM 1990, 51, 53.

Die entscheidenden Unwägbarkeiten liegen für den Sicherungsgeber darin, daß er bei dem Abstellen auf das *billige Ermessen* nicht sicher vorhersehen kann, ob sein Freigabeverlangen Erfolg haben wird. Es bedarf daher einer Freigabeklausel, die die besondere Benachteiligung des Sicherungsgebers durch die Unübersichtlichkeit bei Globalsicherheiten kompensiert. Die qualifizierte Freigabeklausel mit ihrer ausdrücklichen Freigabeverpflichtung und der Festlegung einer objektiven Deckungsgrenze hatte gerade den Zweck, dem Sicherungsgeber die Ungewißheit bei der Durchsetzung seines Freigabeanspruches zu nehmen. Die qualifizierte Freigabeklausel entspricht allerdings auch nicht den angestrebten Zielen der Rechtsprechung,[404] so daß es einer anderen Lösung bedarf. Diese Lösung muß dabei den Anspruch auf sich vereinen, die Durchsetzung des Freigabeanspruchs des Sicherungsgebers zu erleichtern und gleichzeitig die notwendige Rechtsklarheit zu schaffen.

## B. Folgen der Rechtsprechung

### I. Wirtschaftliche Folgen

Geldgeschäfte, insbesondere Kreditgeschäfte setzen ein besonderes Vertrauen der jeweiligen Vertragsparteien ineinander voraus. Aus diesem Grunde gewährleisten die AGB-Banken in Nr. 18 Abs. 2 ein Kündigungsrecht aus wichtigem Grunde, wenn der Kunde z.B. unrichtige Angaben über seine Vermögensverhältnisse gemacht hat.[405] Die AGB-Banken bemühen sich nicht nur um einen Interessenausgleich zwischen den Vertragsparteien, sondern in erster Linie um ein Umfeld, das ein Mindestmaß an Rechtssicherheit garantiert.

Die Rechtssicherheit und die damit einhergehende Rechtswirksamkeit ist die conditio für alle Sicherungsgeschäfte der Banken. Anders wäre eine Herauslage von Krediten - ohne zuverlässige Sicherheiten - überhaupt nicht denkbar, wenn man einmal von Blankokrediten für bonitätsmäßig einwandfreie Kreditnehmer absieht.

---

404 Vgl. dazu ausführlich 3. Kapitel, A.

405 Westermann WM 1993, 1865, 1874.

Die Verschärfung der Rechtsprechung des BGH und die damit verbundene Unwirksamkeit vieler Sicherungsverträge hat jedoch an der Rechtswirksamkeit der Kreditsicherheiten erhebliche Zweifel hervorgerufen.
Die mit dem Grundsatzurteil des BGH[406] vom 29. November 1989 begonnene Diskussion und die Zweifel dauern bis heute an. Die entstandenen Unsicherheiten werden zudem durch nicht miteinander korrespondierende Urteile der unterschiedlichen Senate des BGH[407] geschürt. Die Rechtsprechung läßt somit gerade die Verläßlichkeit vermissen, die für die Kreditvergabe durch die Banken notwendig ist.

Nachdem der BGH[408] festgestellt hatte, daß Freigabepflichten „nach billigem Ermessen" nicht mehr ausreichen, verstießen alle formularmäßigen Globalzessionsverträge mit eben einer solchen Klausel gegen § 9 Abs. 1 AGBG und waren nichtig.
Auf alle Formularverträge findet das seit dem 1. April 1977 geltende AGB-Gesetz Anwendung. Danach verstößt es gegen das Verbot der geltungserhaltenden Reduktion, wenn unzureichende Klauseln in qualifizierte Freigabeklauseln umgedeutet werden.[409]
Für das Kreditsicherungsrecht bedeutete das, daß alle Sicherungsverträge mit der einfachen Freigabeklausel nichtig waren. Plötzlich mußten Tausende von Sicherungsverträgen ausgetauscht werden. Die Allgemeinen Geschäftsbedingungen der Kreditinstitute und Lieferanten sowie die entsprechenden Vertragsformulare mußten umgehend der neuen Rechtsprechung angeglichen werden.
Die sich daraus ergebende Rechtsunsicherheit wird zudem dadurch verschärft, daß die Sicherungsnehmer quasi alle Sicherungsverträge neu verhandeln mußten. Die technische Abwicklung dieser Neuverhandlungen und der Austausch der Verträge war kaum in den Griff zu bekommen.

---

406 BGH WM 1990, 51 ff.

407 BGH WM 1994, 585; BGH WM 1994, 1283.

408 BGH WM 1990, 51 ff.

409 BGH WM 1986, 1545, 1548 m.w.N.

Die uneinheitliche und vor allem ungewisse Rechtsprechung schwebt darüber hinaus bis heute noch über den neu formulierten Freigabeklauseln wie ein „AGB-rechtliches Damoklesschwert."[410]
Die Folgen dieser Rechtsunsicherheit stellen ein Problem für die kreditnehmende Mittelstandswirtschaft und vor allem für die ohnehin schwach mit Sicherheiten bestückten Existenzgründer dar. Darüber hinaus ist hier gerade das Massengeschäft der Banken betroffen.

Ein Insolvenzrisiko ist bei den Kreditnehmern nie auszuschalten. Banken benötigen also zur eigenen Fürsorge und im Interesse ihrer Aktionäre eine gewisse Absicherung durch die gestellten Sicherheiten. Neben der komplizierten Übersicherungsproblematik, die u.U. die gesamte Sicherheitenstellung zunichte machen kann, muß sich ein kreditgebendes Institut ohnehin oftmals mit nicht-werthaltigen Sicherheiten zufrieden geben. Die im Massengeschäft der Banken gängigsten Sicherheiten sind dabei faktisch nur moralische Sicherheiten, so daß die Kreditvergabe oft einem Blankokredit gleichkommt.
In einzelnen Kreditinstituten werden daher Überlegungen angestellt, ob nur noch Blankokredite herausgelegt werden sollen. Dies bedarf einiger Erläuterungen:

*Globalzessionen* haben nur dann einen garantierten Sicherheitenwert, wenn sie gegenüber dem Zahlungspflichtigen offengelegt werden. Mehrfachabtretungen i.S.v. § 408 BGB bzw. „Falschüberweisungen" i.S.v. § 407 BGB sind nur auf diese Weise vermeidbar. Insofern wird die Aussagekraft, daß gerade Globalsicherheiten einer besonderen Übersicherungsgefahr unterliegen, relativiert. Aus § 18 KWG läßt sich entnehmen, daß nur in Ausnahmefällen von einer vollwertigen Besicherung ausgegangen werden kann und nur dann auf eine Offenlegung der wirtschaftlichen Verhältnisse des Kreditnehmers verzichtet wird.[411]
Die Kehrseite der Medaille ist aber ein im Geschäftsleben u.U. falsch verstandenes Signal, daß es dem Zedenten an der nötigen Bonität fehlen

---

410 So zutreffend *Bruchner* auf dem Bankrechtstag 1994, in: Sicherheitenfreigabe und Unternehmenssanierung, S. 35, 53.

411 Vgl. Reischauer/Kleinhans KWG § 18 Rn. 14 f.; Beck KWG § 18 Rn. 41 ff.

würde. Die Geschäftspartner des Zedenten würden sich als Folge daher zurückziehen und damit würde automatisch die Summe der abzutretenden Ansprüche schmelzen, so daß die kreditgebende Bank nunmehr keine ausreichenden Kreditsicherheiten zur Verfügung hätte. Eine Fälligstellung des Kredits wäre die Folge. Der Zedent wäre geschäftlich ruiniert.
Bei dem *Eigentumsvorbehalt* bestehen die Risiken der Kreditgeber in der Verarbeitung, Vermischung und dem Weiterverkauf der unter Eigentumsvorbehalt übereigneten Waren durch den Kreditnehmer. Die bestehenden Risiken könnten ebenso durch eine Offenlegung der Bank bzw. der Lieferanten eingedämmt werden. Die Folgen könnten allerdings genauso einschneidend sein, wie bei einer Offenlegung der Globalzession.

Die *Sicherungsübereignungen* bergen zunächst das grundsätzliche Problem der Bestimmbarkeit der übereigneten Waren, welches durch sog. Raumsicherungs-, Listen- und Markierungsverträge befriedigend gelöst wird.[412] Ungelöst ist hingegen das wesensimmanente Problem des fehlenden, unmittelbaren Zugriffs durch den Eigentümer. Da diese Situation auch nicht durch einen vertraglich fixierten Herausgabeanspruch verbessert werden kann, entspricht sie der beim Blankokredit.

*Lohn- und Gehaltszessionen* sind häufig die einzigen Sicherheiten, über die ein Kreditnehmer verfügt; insoweit steht die Relevanz dieser Sicherheit nicht nur für das Kreditgewerbe, sondern erst Recht für die potentiellen Kreditnehmer außer Frage. Jedoch besteht auch hier das Risiko der Mehrfachabtretung, der Bestimmbarkeit und der hohen Verwaltungstätigkeiten, ob die zugrundeliegenden Arbeitsverträge überhaupt noch bestehen. Eine Offenlegung hätte in diesem Falle nicht die Tragweite wie bei den oben genannten Sicherheiten, wäre allerdings zur nachhaltigen Schädigung der Reputation des Kreditnehmers beim Arbeitgeber sehr geeignet.

Der Kreis der gängigen Sicherheiten schließt mit der *Grundschuld*. Diese ist in aller Regel werthaltig und verursacht bei der Hereinnahme als Kreditsicherheit kaum Verwaltungsaufwand, da sie mit entsprechender Eintragung ins Grundbuch dem Kreditgeber zur Verfügung steht.

---

[412] Lwowski/Gößmann, S. 98.

Aus dem vorstehenden folgt, daß die aufgezählten Risiken und Unzulänglichkeiten der einzelnen Sicherungsinstrumente durch die Rechtsprechung nicht beseitigt, sondern durch sich widersprechende Urteile bezüglich der Freigabeklauseln noch verschärft werden. Das den Kreditinstituten damit aufgebürdete Risiko kann zur Untauglichkeit der im Massengeschäft benutzten Sicherungsmittel führen. Die zumindest beeinträchtigte Tauglichkeit von Sicherungsübereignungen und Sicherungszessionen als Sicherheiten werden sich bei den kreditsuchenden Kunden auf zwei verschiedene Arten nachhaltig auswirken: Entweder werden mangels Sicherheiten überhaupt keine Kreditwünsche mehr akzeptiert oder die Kreditgeber lassen sich ihre Kreditbereitschaft durch sehr hohe Risikoprämien bezahlen, indem drohende Verwertungsausfälle über die Gebühren- und Preiskalkulationen an den Verbraucher weitergereicht werden.
Beides ist nicht im Interesse der Kreditnehmer und letztlich auch nicht im Interesse der Volkswirtschaft, da eine investive Kreditaufnahme auf diesem Wege eingeschränkt werden würde. Eine mögliche Konsequenz dieser Rechtsprechung wäre die Herauslage von Krediten nur noch gegen Grundschulden. Diese Sicherungsmittel stehen aber nur einem kleinen Kreis von kreditsuchenden Kunden zur Verfügung, so daß vermögenslose Kunden kaum die Möglichkeit hätten, irgendwann in den Genuß von selbst erwirtschafteten Sicherheiten zu kommen, welche ihrerseits wiederum eine weitere Kreditaufnahme ermöglichen würden.

Die Verwender von Allgemeinen Geschäftsbedingungen haben auf die Rechtsprechung reagiert und ihre Vertragsformulare und Allgemeinen Geschäftsbedingungen der neuen Situation angepaßt. Die Banken haben in diesem Zusammenhang ihre Allgemeinen Geschäftsbedingungen gründlich überarbeitet und insbesondere ihre Freigaberegelung durch eine neue ersetzt.[413]

---

[413] Nr.19 Abs. 6 AGB-Banken a.F.:

„Die Bank ist verpflichtet, auf Verlangen des Kunden Sicherungsgegenstände nach ihrer Wahl freizugeben, soweit der Wert des Sicherungsgutes die vereinbarte Deckungsgrenze nicht nur vorübergehend überschreitet. Ist keine Deckungsgrenze vereinbart, so hat die Bank auf Verlangen des Kunden Sicherungsgegenstände nach

Obwohl Nr. 19 Abs. 6 AGB-Banken a.F. eine Deckungsgrenze als Alternative zum „billigen Ermessen" enthielt, kann man davon ausgehen, daß insoweit nahezu alle Sicherungsgeschäfte nichtig waren, da die von der Rechtsprechung nunmehr geforderten konkreten Margen als Deckungsgrenze in aller Regel nicht in die Formulare eingetragen waren.[414]

Die Kreditwirtschaft hat auf die unüberschaubare Entwicklung der Rechtsprechung reagiert, indem sie Nr. 16 Abs. 2 AGB-Banken n.F.[415] geschaffen hat. Obwohl zunächst unklar war, ob die verschärfte Rechtsprechung auch auf die Singularsicherheiten zu übertragen war, haben die Banken vorsorglich eine umfassende Freigaberegelung formuliert, die sämtliche hereingenommenen Sicherheiten miteinbezieht.
Die Instanzrechtsprechung stand der Übertragung der Übersicherungsgrundsätze auf Singularsicherheiten von vornherein distanziert gegenüber.[416] Mit den beiden Entscheidungen vom 13. Januar 1994 hat sich der BGH[417] dieser Ansicht auch angeschlossen, so daß die sonstigen Sicherheiten, wie z.B. Grundschulden und Bürgschaften, von dieser Regelung ausgespart werden. Die Singularsicherheiten sind somit wirksam bestellt und führen zu keinem Sicherheitenausfall. Allerdings sind die Banken bei bereits hereinge-

---

billigem Ermessen freizugeben, soweit sie diese nicht nur vorübergehend nicht mehr benötigt."

414 Weber WM 1994, 1549, 1557.

415 Nr. 16 Abs. 2 AGB-Banken n.F.:

„Falls der realisierbare Wert aller Sicherheiten die Deckungsgrenze nicht nur vorübergehend übersteigt, hat die Bank auf Verlangen des Kunden Sicherheiten nach ihrer Wahl freizugeben, und zwar in Höhe des die Deckungsgrenze übersteigenden Betrages; sie wird bei der Auswahl der freizugebenden Sicherheiten auf die berechtigten Belange des Kunden und eines dritten Sicherungsgebers, der für die Verbindlichkeiten des Kunden Sicherheiten bestellt hat, Rücksicht nehmen. In diesem Rahmen ist die Bank auch verpflichtet, Aufträge des Kunden über die dem Pfandrecht unterliegenden Werte auszuführen (zum Beispiel Verkauf von Wertpapieren, Auszahlung von Sparguthaben)."

416 LG Bielefeld WM 1993, 988; OLG Hamm WM 1993, 2046; OLG Hamm WM 1993, 1590; OLG Düsseldorf WM 1993, 784.

417 BGH WM 1994, 414; BGH WM 1994, 419.

nommenen Singularsicherheiten an ihre Vereinbarungen nach den zugrundeliegenden neuen Allgemeinen Geschäftsbedingungen gebunden, obwohl die BGH-Rechtsprechung dies überflüssig macht.

Bestehen bleibt nach wie vor die in der Diskussion stehende Rechtsprechung zu den Globalsicherheiten.
Die von den Banken neu gestalteten Globalsicherungsverträge versuchen zwar den von der Rechtsprechung vorgegebenen Anforderungen im Hinblick auf die Bewertung und Freigabe Rechnung zu tragen, doch bleiben Änderungen diesbezüglich vorprogrammiert.

## II. Rechtliche Folgen

Mit der Feststellung des BGH,[418] daß eine Freigabeklausel nach *billigem Ermessen* nicht mehr geeignet ist, dem Vorwurf der Übersicherung zu entgehen, waren alle derartigen Sicherungsverträge nichtig und die Allgemeinen Geschäftsbedingungen verstießen in diesem Sinne gegen § 9 Abs. 1 AGBG.
Neben dem wirtschaftlichen Problem der technischen Abwicklung der Erstellung neuer Formulare und deren Austausch durch Neuverhandlungen, stellte sich das rechtliche Problem der Einbeziehung neuer Allgemeiner Geschäftsbedingungen in bestehende Altverträge.

### 1. Einbeziehung der neuen AGB-Banken in Altverträge

Die Einbeziehung der neuen Allgemeinen Geschäftsbedingungen in laufende Verträge ist insofern problematisch, als der Kunde ausdrücklich oder zumindest konkludent den Allgemeinen Geschäftsbedingungen zustimmen muß. Dieses Abänderungsprocedere läßt sich aus Nr. 28 Abs. 2 AGB-Banken a.F.[419] ableiten, welcher naturgemäß noch gilt.[420] In einer

---

418 BGH WM 1990, 51.

419 Nr. 28 Abs. 2 AGB-Banken a.F.:

intakten Geschäftsbeziehung ergibt sich hieraus i.d.R. kein Problem. Anders ist die Situation in den Fällen, in denen der Kunde eine entsprechende Zustimmung verweigert. Eine Fiktion der Zustimmung nach Fristablauf verstößt gegen § 2 Abs. 2 AGBG, wonach der Kunde tatsächlich zustimmen muß.

Nimmt aber der Kunde die Leistungen seiner Bank in Kenntnis der geänderten Bedingungen ohne zu widersprechen in Anspruch, so ist dieses Verhalten als ein Einverständnis zur Fortsetzung dieses Vertrages durch schlüssiges Verhalten zu bewerten.[421]

## 2. AGB-rechtliche Probleme beim Scheitern einzelner Vertragsklauseln an § 9 AGBG

Im Kreditsicherungsrecht kristallisiert sich ein AGB-rechtliches Problem heraus, welches in keiner anderen Branche von so überragender Bedeutung ist, wie in der Kreditwirtschaft. Dabei geht es um die Rückwirkung viele Jahre nach dem Vertragsabschluß gewonnener gerichtlicher Erkenntnisse auf Altverträge.

Ob es eine rückwärtige zeitliche Begrenzung für die richterliche Inhaltskontrolle auf die sog. Altfälle gibt, ist dabei höchstrichterlich noch nicht geklärt. Als mögliche zeitliche Begrenzung kommt jedoch der Zeitpunkt des Inkrafttretens des AGB-Gesetzes am 1. April 1977 in Betracht. Das ist allerdings insoweit ungewiß als der BGH bislang ausdrücklich offen

---

„Änderungen dieser Geschäftsbedingungen einschließlich der Sonderbedingungen werden dem Kunden, wenn sie ihn nicht nur unwesentlich belasten, durch schriftliche Benachrichtigung, in allen anderen Fällen durch ausdrücklichen Hinweis, bekanntgegeben. Sie gelten als genehmigt, wenn der Kunde nicht schriftlich Widerspruch erhebt. Auf diese Folge wird ihn die Bank bei der Bekanntgabe besonders hinweisen. Der Widerspruch des Kunden muß innerhalb eines Monats nach Bekanntgabe der Änderung bei der Bank eingegangen sein.“

420 Westermann WM 1993, 1865, 1866.

421 Hoeren NJW 1992, 3263, 3267; Westermann WM 1993, 1865, 1866 m.w.N.

gelassen hat, ob Darlehensverträge unter die Übergangsvorschrift des § 28 AGBG zu subsumieren sind.[422]

Klauseln, die der Inhaltskontrolle des § 9 AGBG nicht standhalten, werden für nichtig erklärt und schlagen gegebenenfalls auf den ganzen Formularvertrag durch.[423] Dadurch kommt es zum nachträglichen Wegfall von Kreditsicherheiten, auch wenn das Gericht lediglich eine seit dem Vertragsschluß geänderte Sichtweise wiedergibt. Einen möglichen Lösungsweg aus diesem Dilemma eröffnet die ergänzende Vertragsauslegung. Eine geltungserhaltende Reduktion der unwirksamen Klausel wird hingegen generell abgelehnt.[424] Auch ein Nachsicherungsanspruch der Kreditinstitute gem. Nr. 13 Abs. 2 AGB-Banken bzw. Nr. 22 Abs. 1 AGB-Sparkassen kann die Unwirksamkeit von Kreditsicherheiten nicht retten. Voraussetzung ist hierbei, daß sich die Risikolage durch nachträglich eingetretene oder bekanntgewordene Umstände geändert hat. Der Wortlaut der Allgemeinen Geschäftsbedingungen ist insoweit eindeutig, daß die Änderung der Rechtsprechung zum Maßstab der Inhaltskontrolle nach § 9 AGBG nicht hierunter fällt.
Übrig bleibt die vom Gesetz vorgesehene isolierte Unwirksamkeit der die Kreditsicherheit betreffenden Klausel unter Aufrechterhaltung des restlichen Vertrages gem. § 6 Abs. 1 AGBG. Nach § 6 Abs. 2 AGBG kann die durch die unwirksame Klausel entstandene Vertragslücke durch ergänzende Vertragsauslegung geschlossen werden. Die Lückenfüllung erfolgt dann nach den Regeln des § 157 BGB. Der Vertrag wäre jedoch gem. § 6 Abs. 3 AGBG unwirksam, wenn ein Festhalten an ihm zu unzumutbaren Härten für eine der Vertragsparteien führen würde. Das wäre praktisch dann der Fall, wenn der Kreditgeber keine Sicherheiten mehr hätte. Dann wäre es ihm auch nicht zumutbar an dem Kreditvertrag festhalten zu müssen.[425] Dies wäre wiederum auch nicht im Interesse des Kreditnehmers, so daß diese Lösung die für alle Beteiligten unbefriedigenste ist.

---

422 Neuhof NJW 1995, 1068, 1069.

423 Vgl. Lecheler WM 1994, 2049 ff.

424 Stellvertretend für viele: BGH WM 1986, 1545, 1548 m.w.N.

425 Vgl. Neuhof NJW 1993, 2840, 2843.

Fraglich ist, inwieweit sich der Kreditgeber auf einen Vertrauensschutz bei der nachträglich festgestellten Unwirksamkeit von Klauseln in Altverträgen berufen kann. Man könnte dabei argumentieren, daß die heute gegenüber dem Zeitpunkt des Vertragsschlusses strengeren Maßstäbe die Rechtslage nachträglich verschärfen und damit den aus dem Rechtsstaatsprinzip folgenden Vertrauensschutz verletzen.[426] Das Rechtsstaatsprinzip des Vertrauensschutzes erstreckt sich nämlich nicht nur auf den Gesetzgeber, sondern auf jede staatliche Gewalt, so auch auf die Rechtsprechung.[427]
Aus Art. 20 Abs. 3 GG ergibt sich ein Vertrauensschutz, der solange eine Rechtssicherheit auf den Bestand von Rechtsnormen und Rechtsakten gibt, bis diese ordnungsgemäß aufgehoben sind.[428]
Das geltende Recht genießt allerdings dort kein Vertrauen, wo mit anderen Entscheidungen bereits gerechnet werden konnte oder überragende Interessen des Gemeinwohls vorzugswürdiger sind.[429]
Ein Vertrauensschutz in die Aufrechterhaltung einer bestimmten Rechtsprechung ist unserer Rechtsordnung jedoch fremd, da es grundsätzlich möglich sein muß, daß sich die Rechtsprechung den aktuellen Gegebenheiten aus guten Gründen anpaßt.[430]
Umgekehrt darf daraus aber nicht der Schluß gezogen werden, daß Gerichte ihre Rechtsprechung beliebig ändern können. Vielmehr haben die Gerichte zu beachten, daß sich die Rechtspraxis auf das Fortbestehen einer gefestigten Rechtsprechung einstellt.[431]
Die Grundsätze für die Rückwirkung von Gesetzen werden diesbezüglich fast identisch auf die Rückwirkung von Urteilen angewendet.[432] Insofern sollen die Gerichte von ihrer bisherigen Rechtsprechung aus Gründen der

426 Lecheler WM 1994, 2049.

427 Lecheler WM 1994, 2049.

428 Jarass/Pieroth Art. 20 GG Rn. 47 ff. m.w.N.

429 BVerfGE 88, 384, 403; Jarass/Pieroth Art. 20 GG Rn. 51 m.w.N.

430 Vgl. BGH WM 1983, 272; BGH WM 1983, 657, 658.

431 BAG 12, 278, 284; BAG 45, 277, 287; BGH WM 1983, 272 f.

432 MüKo-Roth § 242 Rn. 593; Soergel-Teichmann § 242 Rn. 258.

Rechtssicherheit und des Vertrauensschutzes nur dann abweichen, wenn zwingende Gründe vorliegen.

Dies darf allerdings nicht mit der Tatsache verwechselt werden, daß man auf die Beibehaltung früherer Beurteilungsmaßstäbe insoweit vertrauen kann, als ein anhand ehemals geltenden Rechts entstandener Vertrag rechtmäßig bleibt, auch wenn sich die Rechtslage oder sittliche Auffassungen geändert haben.[433] Insofern dürfen später gewonnene Einsichten nicht im nachhinein zu Lasten von sog. Altverträgen angewendet werden.

Die Rechtsprechung des BGH zur Übersicherungsproblematik ist bis heute ständigen Änderungen unterworfen, wobei die zukünftige Entwicklung ungewiß ist. Es stellt sich daher die Frage, ob sich durch den Wandel der Rechtsprechung zu den Freigabeklauseln überhaupt ein Vertrauensbestand derart bilden konnte, daß bei der Beurteilung zurückliegender Sachverhalte die geänderte Rechtsprechung einer Anwendung rückwirkenden Rechts gleichkommt.

Ob ein geschützter Vertrauenstatbestand besteht, hängt davon ab, inwieweit ein in der Vergangenheit liegender Beurteilungsmaßstab beibehalten wurde.[434] Somit ist zunächst zu untersuchen, ob ein geschützter Vertrauenstatbestand besteht und erst dann, ob in diesen Vertrauenstatbestand eingegriffen wurde.

Lecheler[435] führt dazu aus, daß die von der Rechtsprechung verworfene einfache Freigabeklausel und deren Ersatz durch die qualifizierte Freigabeklausel, keine geschützte Vertrauensposition beschädigt hat, „weil der BGH nichts anderes getan hat, als seine Grundsätze bei der Begrenzung der Globalzession von Außenständen zu übertragen." Auch die zusätzlichen Anforderungen des BGH, in den Formularvertrag eine konkrete Bezugsgrenze für

---

433 Lecheler WM 1994, 2049, 2052.

434 Vgl. Aden DWiR 1992, 353 ff.

435 Lecheler WM 1994, 2049, 2052 f.

die Berechnung der Waren einzuführen, ließe keinen Vertrauenstatbestand erkennen, auf dessen Schutz sich die Banken berufen könnten. Lecheler belegt seinen Standpunkt mit dem Argument, daß man nicht darauf vertrauen könne, „daß es der Bundesgerichtshof unterlassen würde, weitere Kriterien zu entwickeln, die eine unbillige Benachteiligung der Kreditnehmer möglichst ausschließen soll."
Auf die Beibehaltung der Rechtsprechung konnten die Banken aber schon deswegen nicht vertrauen, weil die unterschiedlichen Senate des BGH entgegengesetzter Meinung sind.[436]
Auch die unter Umständen erheblichen, wirtschaftlichen Aufwendungen für die Anpassung der Altverträge, können kein rechtlich geschütztes Vertrauen begründen. Dies begründete der BGH in seinem „Zinsberechnungsurteil" vom 24. November 1988[437] mit folgenden Worten: „Der Verwender, nicht sein Vertragspartner, trägt das Risiko der von Anfang an bestehenden Unwirksamkeit, auch bei Klauseln, die zunächst geraume Zeit unbeanstandet geblieben sind und deren Unwirksamkeit schließlich nach längerer Prozeßdauer gerichtlich festgestellt wird."

Die dargestellte Position spiegelt sich in der Rechtsprechung wider und ist der Grund für die Rechtsunsicherheit, welche Anforderungen noch zukünftig an die Kreditsicherungsverträge gestellt werden könnten. Die Rechtsunsicherheit ist dabei in erster Linie auf die bange Frage zurückzuführen, welche Konsequenzen erneute Anforderungen der Rechtsprechung auf die Altverträge haben.

Bei der Diskussion, ob ein Vertrauensschutz zugunsten der Banken besteht, kann jedenfalls nicht über die sich für den Sicherungsnehmer ergebenden Konsequenzen des totalen Sicherheitenausfalls hinweggegangen werden. Wenn Tausende von Kreditsicherungsverträgen ausgetauscht werden müssen und Sicherheiten in Milliardenhöhe quasi über Nacht verschwinden, so ist sehr wohl ein Vertrauenstatbestand verletzt, weil die mit Sicherheiten unterlegten Kredite noch erhebliche Restlaufzeiten hatten. Eine Belastung des Kunden läßt sich zwar nur auf dem Wege verhindern, daß dem Kredit-

---

436 Lecheler WM 1994, 2049, 2053.

437 BGH WM 1988, 1780, 1784.

geber das Risiko der nachträglichen und rückwirkenden Unwirksamkeit aufgebürdet wird, es entspricht aber zumindest dann nicht der Billigkeit, wenn das Kreditinstitut bei Verwendung der Klauseln bezüglich der Wirksamkeit gutgläubig war und des weiteren auf die Fortentwicklung der bisherigen Rechtsprechung vertrauen konnte.
Bei den Dauerschuldverhältnissen - Kredite mit Restlaufzeiten - stellt sich die Situation differenzierter dar. Hier kann die Rückwirkung durch nachträgliche Vertragsanpassungen auf ein angemessenes Maß reduziert werden. In der Diskussion steht ein Anpassungsanspruch ex nunc.[438]
Bei Generalklauseln wie § 9 AGBG können nämlich die Grundsätze über die verfassungsrechtliche Begrenzung der Rückwirkung von Gesetzesänderungen angewendet werden, weil die Auswirkungen einer geänderten Rechtsprechung hier die gleichen Auswirkungen hat. Eine verfassungskonforme Auslegung würde dann den Besonderheiten des Einzelfalles Rechnung tragen. Eine Anpassung „ex nunc" ist insofern angemessen. Trotz dieser Kritik hält der BGH[439] nach wie vor an seiner Rechtsprechung fest, wonach die Verwendung einer nach § 9 AGBG unwirksamen Klausel kein Vertrauen des Verwenders rechtfertigt, auch wenn ihre Unwirksamkeit erst später gerichtlich festgestellt wurde. Diese Rechtsprechung ist allerdings unverständlich, weil sie nicht geeignet ist, dem Sicherungsgeber im nachhinein seine wirtschaftliche Bewegungsfreiheit wiederzugeben. Denn durch die nachträglich festgestellte unangemessene Benachteiligung mit einer ex-tunc-Wirkung erhält der Sicherungsgeber seine wirtschaftliche Bewegungsfreiheit nicht rückwirkend zurück. Eine Nichtigkeit des Sicherheitenvertrages wirkt sich lediglich zugunsten der Konkursmasse bzw. anderer Gläubiger des Sicherungsgebers aus, weil die Wirksamkeitsprüfung stets erst im Sicherungsfall stattfindet.

Daß sich die Rechtsprechung auf sämtliche Altverträge erstreckt, egal wann die Unwirksamkeit der Kreditsicherungsklauseln vom Gericht festgestellt wurde, ist somit außerordentlich bedenklich. Diese Rückwirkung ist nämlich nicht mit dem Schutzzweck des § 9 Abs. 1 AGBG zu vereinbaren,

---

438 Vgl. Aden DWiR 1992, 353, 355; Bunte NJW 1983, 2674 f.

439 BGH NJW 1981, 1511.

wenn Nutznießer der Unwirksamkeit weder der AGB-Verwender oder der vom AGB-Gesetz besonders geschützte Vertragspartner ist, sondern ein Dritter, wie z.B. ein Konkursverwalter.[440] In diesen Fällen nutzt der AGB-Verwender ja gerade nicht seinen Formulierungsvorteil zu Lasten seines Vertragspartners aus.

Ein Abgehen von der Kontinuität der Rechtsprechung wird zudem ausnahmsweise nur dann hingenommen, wenn deutlich überwiegende oder schlechthin zwingende Gründe dafür sprechen.[441] Die anderenorts[442] geschilderten Konsequenzen, daß nämlich die Tauglichkeit der im Massenkreditgeschäft verwendeten Sicherungsmittel in Frage gestellt wird, stellen aber auch eine solche Ausnahmesituation dar. Denn als Folge der Rechtsprechung verlieren die Kreditinstitute die dringend benötigten Sicherheiten und auf der anderen Seite werden die Kreditinstitute wegen der Rechtsunsicherheit weniger Kredite herauslegen können, was sich zu Lasten der potentiellen Kreditnehmer und dem Investitionsverhalten in der Volkswirtschaft auswirkt.

---

440 Vgl. hierzu 3. Kapitel, A.II.

441 Vgl. BGH WM 1983, 272; BGH WM 1983, 657.

442 Vgl. bereits oben zu den wirtschaftlichen Folgen der Rechtsprechung, 3. Kapitel, B.I.

# 4. Kapitel
# Übersicherungsschutz ohne qualifizierte Freigabeklausel

## A. Die Notwendigkeit eines anderen Lösungsansatzes

Die vorstehenden Überlegungen haben gezeigt, daß die bisher diskutierten Lösungsmodelle die Probleme der Übersicherung weder für den Sicherungsgeber noch für den Sicherungsnehmer ausreichend berücksichtigt haben.
Die Interessen beider Parteien werden lediglich bei den akzessorischen Sicherheiten durch das Gesetz in gleicher Weise berücksichtigt, weil sich die Sicherheit nach dem Bestand der Hauptforderung richtet. Durch das automatische Anpassen von Forderung und Sicherheit kann es somit nie zu einer Übersicherung kommen.[443] Das Augenmerk ist insofern ausschließlich auf die gesetzlich nicht geregelten nichtakzessorischen Sicherheiten zu lenken. Hierbei ist insbesondere der Transparenzgedanke der Rechtsprechung[444] von Bedeutung, nach dem der Vertragsinhalt für die Parteien berechenbar sein muß.
Insbesondere bei der Berechnung der Deckungsgrenzen werden diese Probleme deutlich. Das angestrebte Ziel,[445] daß Kreditnehmer etwaige Sicherheitenüberschüsse für weitere Kreditgewährungen nutzen können, wurde nicht erreicht. Der im Falle des Überschusses entstandene schuldrechtliche Rückübertragungsanspruch schließt zwar eine unverhältnismäßige Übersicherung aus, sorgt aber für Folgeprobleme bei der Durchsetzung des Anspruches. Hinzu kommt, daß die Rechtsprechung die konkreten Umstände des Einzelfalles nicht genügend berücksichtigt.

Auch die Freigabe von Sicherheiten nach dem „billigen Ermessen" gem. § 315 BGB birgt erhebliche Schwierigkeiten. Obwohl eine Sicherheitenfreigabe i.S.v. § 315 BGB nicht als Willkür anzusehen ist, sondern gem. § 315 Abs. 3 BGB durch ein Gericht überprüft werden kann, bleiben Gefahren der Rechtsunsicherheit bestehen, die sich aus der gerichtlichen Überprüfung selbst ergeben.

---

443 Darauf näher eingehend siehe 4. Kapitel, B.

444 Lauer ZBB 1992, 310, 313.

445 So u.a. BGH WM 1994, 419, 421; Weber WM 1994, 1549, 1558.

Die Unabhängigkeit der Gerichte ermöglicht nämlich schon deshalb keine ausreichende Rechtssicherheit, weil jedes Gericht anders definieren kann, was unter „billigem Ermessen" zu verstehen ist. Insofern können identische Freigabeklauseln von verschiedenen Gerichten unterschiedlich bewertet werden, was zu Rechtsunsicherheiten bei den beteiligten Parteien führt.
Maßgebend ist jedoch vielmehr, daß ein ins „billige Ermessen" gestellter Freigabeanspruch für den Sicherungsgeber schwer geltend gemacht werden kann. Für den Sicherungsgeber läßt sich aus einer solchen Freigabeklausel kein konkreter Anspruch herleiten, wann er in welchem Umfang die Freigabe überschüssiger Kreditsicherheiten verlangen kann. Folglich kann er lediglich auf die freiwillige Freigabe der überschüssigen Sicherheiten durch den Sicherungsnehmer vertrauen oder er muß bei Freigabeverweigerung auf die Freigabe der überschüssigen Kreditsicherheiten klagen. Im Fall der gerichtlichen Durchsetzung dieses Freigabebegehrens kann es zu einem zeitraubenden und kostenaufwendigen Streit kommen,[446] der zwar eine einzelfallgerechte Überprüfung der Freigabe nach „billigem Ermessen" i.S.v. § 315 BGB zur Folge hat, aber eine etwaig notwendige Kreditaufnahme zu diesem Zeitpunkt mangels freier Sicherheiten verhindert. Dem billigen Ermessen ist somit in dieser Lage eine Benachteiligung des Sicherungsgebers immanent.

Der XI. Senat des BGH hat mit seiner Entscheidung vom 17. Januar 1995[447] einen weiteren Diskussionsbeitrag zur Übersicherungsproblematik geliefert, in dem er das Dilemma mittels eines AGB-Pfandrechtes lösen will.[448]
In dem Urteil hatte ein Kreditinstitut mit Einverständnis des Sicherungsgebers das Sicherungsgut in Alleinbesitz genommen und verwertet, bevor das Konkursverfahren eröffnet wurde. Unter Aufhebung der klagestattgebenden Urteile der Vorinstanzen, führte der BGH aus, daß aufgrund der Nr. 19 Abs. 2 Satz 1 AGB-Banken a.F.[449] an den in den Besitz

---

446 Vgl. BGH WM 1990, 51, 52.

447 BGH WM 1995, 375.

448 Vgl. hierzu auch Serick ZIP 1995, 789 ff.

449 Nr. 19 Abs. 2 Satz 1 AGB-Banken a.F.:

der Bank gelangten Sachen, ein Pfandrecht entstanden ist. Das Pfandrecht sei nicht etwa dadurch stillschweigend ausgeschlossen worden, weil die zu prüfende Sicherungsübereignung eines Warenlagers mit wechselndem Bestand mangels qualifizierter Freigabeklausel unwirksam war. Da das BGB keine Freigabeklauseln für das Pfandrecht fordert, lagen alle Voraussetzungen vor.
Der Weg über das AGB-Pfandrecht ist jedoch keine befriedigende Lösung für die Übersicherungsproblematik. Das AGB-Pfandrecht ist lediglich einer Einzelfallentscheidung vorbehalten, weil es in aller Regel nicht zum Tragen kommt. Ein Pfandrecht bei der Sicherheitenhingabe ist zwar regelmäßig durch die Allgemeinen Geschäftsbedingungen der Banken vereinbart,[450] doch fehlt es in der Praxis an der notwendigen Voraussetzung des unmittelbaren Besitzes des Kreditinstitutes.[451]
Die ausschließliche Verfügungsmacht des Sicherungsnehmers liegt in der Regel weder bei der Globalzession vor, noch bei der Sicherungsübereignung, wo das Sicherungsgut aufgrund eines antizipierten Besitzkonstituts beim Sicherungsgeber verbleibt, damit dieser seine wirtschaftliche Tätigkeit fortführen kann.[452]

Aus alledem folgt, daß nur überprüfbare Freigabeansprüche eine erfolgversprechende Lösung ermöglichen. Eine Sicherheitenfreigabe muß daher perfekt geordnet werden. Insofern bedarf es einer Lösung, die die Interessen der unterschiedlichen Vertragsparteien gleichmäßig wahrt, sich am Einzelfall orientiert und einheitlich überprüfbar ist.[453] Eine solche Lösung

---

„Die in den Besitz oder die Verfügungsgewalt irgendeiner Stelle der Bank gelangten oder noch gelangenden Sachen und Rechte dienen als Pfand für alle bestehenden und künftigen - auch bedingten oder befristeten - Ansprüche der Bank gegen den Kunden; dies gilt auch für die Ansprüche des Kunden gegen die Bank selbst ..."

450 In den Allgemeinen Geschäftsbedingungen der Eigentumsvorbehaltslieferanten fehlt in der Regel die Vereinbarung eines Pfandrechts an den gelieferten Waren.

451 Vgl. Scholz/Lwowski Rn. 456.

452 Vgl. Neuhof NJW 1995, 1068, 1070.

453 Auch Serick hält eine vertragliche Vereinbarung grundsätzlich für notwendig, ZIP 1995, 789, 790.

muß jenseits pauschalierter Deckungsgrenzen liegen und über den Unwirksamkeitsmaßstab von § 9 AGBG Einzelfallgerechtigkeit erlangen.

Eine solche Lösung ist durch eine nachrangige Besicherung nicht-akzessorischer Sicherheiten möglich.

## B. Akzessorietät und Sicherungsfall

Die Kreditsicherungsrechte werden anhand ihrer Abhängigkeit von der gesicherten Forderung in *akzessorische* und *nichtakzessorische* Sicherheiten unterteilt.
Bei den *akzessorischen* Sicherheiten besteht eine Verbindung zwischen dem Sicherungsrecht und der zu sichernden Forderung dergestalt, daß das Sicherungsrecht in vollem Umfang von der Forderung abhängig ist. Das Sicherungsrecht schmiegt sich also schattengleich der Forderung an, so daß es mit dieser steht und fällt.[454]
Da die Sicherheit und das Sicherungsrecht unzertrennbar miteinander verbunden sind, kann eine Sicherheit auch nur mit entsprechender Forderung entstehen. Entsteht also eine Forderung erst gar nicht oder erlischt diese später, so gilt das gleiche für das Sicherungsrecht.
Darüber hinaus paßt sich der Umfang des Sicherungsrechtes automatisch dem Umfang der jeweiligen Forderung an. Da die Akzessorietät eine gesetzliche Bindung darstellt (§§ 767, 1163, 1210, 1252 BGB), bedarf es zu dieser Anpassung keines gesonderten Rechtsaktes.
Akzessorische Sicherheiten sind alle die vom Gesetz bezeichneten: Bürgschaft (§§ 765 ff. BGB); Pfandrecht (§§ 1204 ff. BGB), Hypothek (§§ 1113 ff. BGB).[455]

Die *nichtakzessorischen* Sicherheiten sind hingegen vom Umfang und Bestand der Forderung vollkommen losgelöst. Sicherheit und Forderung

---

454 Scholz/Lwowski Rn. 18.

455 Weiterführende Erläuterungen bei: Scholz/Lwowski Rn. 17 ff.; Medicus JuS 1971, 497 ff.

sind voneinander unabhängig. Weder das Nichtbestehen einer Forderung noch dessen Rückführung beeinträchtigen das Sicherungsrecht.
Da dem Sicherungsnehmer auf diese Weise ein Mehr an Sicherheiten anvertraut wird, als er zur Absicherung des Kredites benötigt, erhält er eine stärkere Rechtsstellung an dem Sicherungsgut als bei akzessorischen Sicherheiten. Der Sicherungsnehmer wird damit zum Treuhänder des Sicherungsgebers. Daher spricht man auch von *fiduziarischen* Sicherheiten.[456]

Die nichtakzessorische, fiduziarische Sicherheit ist selbständig verkehrsfähig, so daß der Sicherungsnehmer nach dem Zweckfortfall lediglich zur Rückübertragung der Sicherheit verpflichtet ist.
Zu den nichtakzessorischen Sicherheiten zählen die Sicherungszession, der Eigentumsvorbehalt, die Sicherungsübereignung und die Sicherungsgrundschuld.[457]

Aus dieser Systematik ergibt sich bei den nichtakzessorischen Sicherheiten, daß Sicherungsmittel des Sicherungsgebers im Übermaß gebunden werden können und dann auch für weitere Kredite nicht mehr zur Verfügung stehen. Die nichtakzessorischen, fiduziarischen Sicherheiten enthalten somit eine Tendenz zur Übersicherung.

Im Gegensatz dazu ist den akzessorischen Sicherheiten das Übersicherungsproblem wegen der „Schattengleichheit" fremd. Eine Übersicherung ist hier nicht möglich.

Der Rechtsprechung ist dieses Problem bekannt und sie führte dazu aus, daß bei Globalsicherheiten die Sicherheitenstellung wegen Übersicherung dann unwirksam ist, wenn sich der Sicherheitenbestand nicht durch eine Freigabeklausel angemessen zur Kredithöhe verhält.[458] Zur Ausgestaltung

---

456 Vgl. Kümpel Rn. 6.290 ff.

457 Vgl. Scholz/Lwowski Rn. 19, 21; Medicus JuS 1971, 497 ff.; Lwowski/Gößmann, S. 24 f.

458 Stellvertretend für viele: BGH WM 1994, 414 ff.; BGH WM 1994, 419 ff.

der geforderten Freigabeklauseln gibt es unterschiedliche Lösungsansätze.[459] Einigkeit besteht jedenfalls insoweit, daß Sicherheiten bei unzulässiger Übersicherung sofort freigegeben werden müssen.

Bei den akzessorischen Sicherheiten kommt es automatisch zur Freigabe, weil sich diese Sicherheiten von allein der Kreditsumme anpassen.
Bei den nichtakzessorischen Sicherheiten ergibt sich die Freigabepflicht des Sicherungsnehmers, sofern eine Übersicherung eingetreten ist, aus der Sicherungsabrede.[460]
Im Gegensatz zur Akzessorietät erfolgt die Sicherheitenfreigabe jedoch nicht automatisch, sondern nur durch einen noch zu erfüllenden Anspruch.[461]

Ein erhöhter Übersicherungsschutz kann bei nichtakzessorischen Sicherheiten durch eine in der Sicherungsabrede vereinbarte Freigaberegelung entstehen, die von Anfang an eine Besicherung in dem Umfang berücksichtigt, die der zukünftigen Sicherheitenentwicklung entspricht.
Der fiduziarische Charakter der nichtakzessorischen Sicherheiten würde somit durch eine besondere Abrede durchbrochen werden.
Dabei ist zu beachten, daß die fiduziarischen Sicherheiten in der Praxis mehr und mehr in den Vordergrund getreten sind. Die Vorteile der nichtakzessorischen Sicherheiten sind durch die Unabhängigkeit von Sicherheit und Forderung gekennzeichnet. Die sich daraus ergebende selbständige Verkehrsfähigkeit ermöglicht eine Sicherheitenbestellung mit weiter Zweckabrede.

Hieran besteht für einen Kreditgeber ein Interesse, weil er auf diese Weise mit *einer* Sicherheit alle gegenwärtigen und zukünftigen Forderungen abdecken kann. Insbesondere die in der Praxis häufig vorkommenden nachträglichen Ausweitungen von Krediten durch Umschuldungen oder

---

459 Zum Beispiel Nr. 16 Abs. 2 AGB-Banken n.F.

460 BGH WM 1990, 464; Nobbe WuB I F 4.-5.94.

461 Medicus JuS 1971, 497, 503.

Aufstockungen,[462] machen dann eine erneute Sicherheitenbestellung entbehrlich.[463]

Für den Sicherungsgeber ist jedoch eine Gefahr darin begründet, daß er einer treuwidrigen Verfügung der Sicherheit durch den Sicherungsnehmer ausgesetzt ist und freiwerdende Sicherheiten nicht sofort für andere Kredite bei anderen Kreditgebern benutzen kann.
Dem Sicherungsgeber könnte daher daran gelegen sein, nach Tilgung der gesicherten Forderung, das Eigentum unabhängig vom Willen des Sicherungsnehmers sofort zurückzuerhalten.

Der Sicherungsgeber nimmt jedoch regelmäßig die geschilderten Risiken in Kauf und begnügt sich mit dem aus der Übersicherung folgenden schuldrechtlichen Freigabeanspruch, weil bei den nichtakzessorischen Sicherheiten (z.B. Sicherungsübereignung oder Sicherungszession) die unangenehmen Publizitätsvorschriften des gesetzlichen (akzessorischen) Pfandrechts gem. §§ 1205, 1280 BGB entfallen.[464] Folglich kommt es nicht zu Beeinträchtigungen der Bonität des Sicherungsgebers durch Veröffentlichung des Sicherungsverhältnisses.

Diese Konstellation ermöglicht eine Gegenüberstellung der akzessorischen und nichtakzessorischen Sicherheiten. Daraus ergibt sich, daß sich fast jede akzessorische Sicherheit durch eine vergleichbare nichtakzessorische Sicherheit austauschen läßt.[465]
So z.B. eine Verpfändung beweglicher Sachen durch eine Sicherungsübereignung, ein mit einer Hypothek belastetes Grundstück durch eine Sicherungsgrundschuld oder verpfändete Rechte durch eine Sicherungszession.

---

462 Scholz MDR 1990, 193 f.; Gößmann WuB I F 4.-7.91.

463 K. Schmidt, FS für Serick, S. 329, 339.

464 Scholz/Lwowski Rn. 22; Künzl BB 1985, 1884, 1885.

465 Vgl. Kümpel Rn. 6.281.

Der „Austausch" einer akzessorischen Sicherheit in eine nichtakzessorische geschieht regelmäßig aus den oben geschilderten Gründen der weiten Zweckabrede oder der Vermeidung der mit der Pfandrechtsbestellung verbundenen Anzeige (§ 1280 BGB). Nicht hingegen, um die Akzessorietät zu umgehen. Diese liegt in der Regel in beiderseitigem Interesse.[466]

Gefördert durch den Gedanken, daß die vom Gesetzgeber vorgegebenen Sicherungsmittel (Bürgschaft, Pfandrecht, Hypothek) den heutigen Anforderungen nicht mehr genügen, daß vielmehr die Vorteile bei der Kreditbesicherung auf der Seite der nichtgesetzlichen fiduziarischen Sicherungsmittel liegen, macht es notwendig, diese Sicherungsmittel so auszustatten, daß das wesensimmanente Übersicherungsrisiko ausgeschaltet wird und die Interessen aller Vertragsparteien gewahrt werden.

Die Lösung liegt auf der Hand: Auch bei den nichtakzessorischen Sicherungsrechten muß eine Beziehung zwischen dem Sicherungsrecht und der gesicherten Forderung hergestellt werden, und zwar in der Art, daß quasi eine *künstliche Akzessorietät* entsteht. Für eine *künstliche Akzessorietät* spricht, daß - wie bei den von Natur aus akzessorischen Sicherungsmitteln - eine Übersicherung von vornherein ausscheidet ohne jedoch die aufgezeigten Vorteile zu beschneiden.

## I. Vereinbarung einer *künstlichen Akzessorietät*

Bei der Ausgestaltung der *künstlichen Akzessorietät* geht es darum, ein nichtakzessorisches Sicherungsrecht mit der zu sichernden Forderung zu verbinden.
Obwohl die nichtakzessorischen Sicherungsrechte nicht vom Gesetzt definiert werden (Sicherungsübereignung) oder vom Gesetzgeber nicht akzessorisch ausgestattet sind (Grundschuld), besteht trotzdem regelmäßig eine Verbindung zwischen dem Sicherungsmittel und der zu sichernden Forderung, und zwar durch den zugrundeliegenden Sicherungsvertrag.[467]

---

466 Scholz/Lwowski Rn. 22.

467 K. Schmidt, FS für Serick, S. 329, 333.

Wenn der Sicherungsvertrag nichtig ist, löst das einen Rückforderungsanspruch über die Leistungskondiktion aus, so daß dann zumindest noch eine Verbindung über das Bereicherungsrecht besteht. Die Verbindung von Sicherheit und Forderung über das Vertrags- bzw. Bereicherungsrecht hat aber für den Sicherungsgeber nur einen schuldrechtlichen Freigabeanspruch zur Folge, der erst später geltend gemacht werden kann. Eine Freigabeautomatik wie bei der Akzessorietät entfällt. Insofern scheidet die sicherungsvertragliche bzw. gesetzliche Verknüpfung zwischen Sicherheit und Forderung als Rechtsfigur für die *künstliche Akzessorietät* von vornherein aus.

Um eine Abhängigkeit zwischen dem abstrakten Verfügungsgeschäft und dem kausalen Rechtsgeschäft herzustellen, bedarf es anderer Ansätze.
Der VIII. Senat des BGH[468] führte dazu aus, daß eine Abhängigkeit zwischen Verfügungs- und schuldrechtlichem Kausalgeschäft durch *ausdrückliche* oder *stillschweigende* Parteivereinbarung hergestellt werden kann, welche sich aus dem „wirtschaftlichen Zweck" des Vertrages oder aus „sonstigen Umständen" ergibt. Nach dem BGH[469] bedürfe es erstaunlicherweise nicht einmal einer ausdrücklichen Parteivereinbarung für eine Verknüpfung im Sinne der Akzessorietät. Der BGH meint damit jedoch nicht nur einen bloßen Akzessorietätsersatz, sondern Akzessorietät schlechthin.

Mit dieser Ansicht befindet sich der VIII. Senat des BGH jedoch im Widerspruch zum VII.[470] und IX.[471] Senat des BGH sowie des Reichsgerichts.[472] Diese Gerichte vertreten nämlich die Ansicht, daß die Sicherheiten bei Erlöschen der Forderung nur dann automatisch an den Sicherungsgeber zurückfallen, wenn dies vorher ausdrücklich vereinbart wurde.

---

468 BGH NJW 1982, 275, 276.

469 BGH NJW 1982, 275, 276.

470 BGH WM 1960, 1407.

471 BGH WM 1984, 357; BGH NJW 1991, 353.

472 RGZ 95, 244, 245; RGZ 102, 385, 386.

Im Gegensatz zum VIII. Senat des BGH[473] wird auch bestritten, daß das Durchbrechen der Abstraktheit sofort die Akzessorietät des fiduziarischen Sicherungsmittels begründet.

Der VIII. Senat des BGH[474] geht bei seiner Beurteilung der nichtakzessorischen Sicherheiten vom „tatsächlich Gewollten" der Vertragsparteien aus.[475] Da die Beteiligten bei Abschluß des Vertrages nicht juristisch, sondern lediglich praktisch denken,[476] würden sie eine Abhängigkeit zwischen dem Grundgeschäft - gemeint ist ein zugrundeliegender Darlehensvertrag - und der Sicherheitenstellung wollen. Diese Abhängigkeit sei auch schon wegen des beiderseitigen wirtschaftlichen Interesses geboten. Dabei argumentiert der BGH, daß insbesondere bei der Bestellung nichtakzessorischer Sicherungsrechte wie Sicherungszession und Sicherungsübereignung, derselbe Zweck erstrebt wird wie bei der Bestellung eines Pfandrechts. Da das Pfandrecht aber akzessorisch ist, könne die Vereinbarung anderer Sicherungsrechte nicht plötzlich eine nichtakzessorische Wirkung aufweisen, denn die Nichtbestellung des Pfandrechts sei nicht geschehen, um eine akzessorische Wirkung zu vermeiden, sondern nur um der beim Pfandrecht notwendigen Anzeige gem. § 1280 BGB nicht Folge leisten zu müssen.

Nach dem VIII. Senat des BGH bedarf es zur Beschränkung der Abstraktheit der nichtakzessorischen Sicherungsmittel keiner besonderen Parteivereinbarungen.[477]
Von einer Akzessorietät sei ohne ausdrückliche Vereinbarung schon deswegen bei allen Sicherheiten auszugehen, weil dies der gerechten Interessenlage entspreche. Denn bei Nichtbestehen der zu sichernden Forderung

---

473 BGH NJW 1982, 275, 276.

474 BGH NJW 1982, 275, 276.

475 BGH NJW 1982, 275, 276.

476 Bähr NJW 1983, 1473, 1475: "... die Parteien denken nicht zu Ende ..."

477 BGH NJW 1982, 275, 276.

sei die Sicherungsabrede ohnehin gegenstandslos und damit unwirksam.[478] Genau hierin besteht jedoch ein Mißverständnis. Gerade die Abstraktheit der Sicherungsmittel will das automatische Untergehen des Sicherungswertes verhindern. Es entspricht nicht ohne weiteres dem beiderseitigem Interesse, daß das Schicksal der Forderung mit dem der Sicherheit verknüpft ist. Insbesondere sehr intensive Geschäftsbeziehungen verlangen eine weite Zweckabrede bei Krediten, die die Absicherung aller gegenwärtigen und zukünftigen Forderungen aus der Geschäftsbeziehung gewährleistet.
Ist jedoch eine weite Zweckabrede von den Vertragsparteien nicht gewollt, so bietet schon das Gesetz die Alternative, auf akzessorische Sicherheiten zurückzugreifen. Die Dispositionsbefugnis der Parteien über die Ausgestaltung des Kreditverhältnisses darf nicht auf diesem Wege untergraben werden.
Insofern kann nicht ohne weiteres den Parteien unterstellt werden, daß sie die Akzessorietät auf jeden Fall wollen. Wäre das nämlich der Fall, dann hätten sie auch akzessorische Sicherheiten zur Absicherung der Forderung bestellt.
Darüber hinaus betonte der VIII. Senat des BGH in seiner Entscheidung,[479] daß umgekehrt die Akzessorietät des Pfandrechts durch Parteivereinbarung nicht ausgeschlossen werden kann. Diese Argumentation konsequent fortgeführt würde dann aber bedeuten, daß nichtakzessorische Sicherheiten auch nicht ihrer Abstraktheit enthoben werden können. Es kann also mithin keine neue, pure Akzessorietät entstehen, sondern nur eine *künstliche*, die die Abstraktheit hinsichtlich der Übersicherungsproblematik modifiziert.

Serick[480] führte dazu aus, daß die Entscheidung des VIII. Senats des BGH[481] die Systematik der fiduziarischen Sicherungsgeschäfte verzerren würde und bezeichnete dieses Urteil als Fehlurteil, das berichtigt werden müsse. Dieser Ansicht ist zuzustimmen.

---

478 Bähr NJW 1983, 1473, 1474.

479 BGH NJW 1982, 275, 276.

480 Serick EWiR § 930 BGB 1/91, S. 147, 148.

481 BGH NJW 1982, 275, 276.

Dabei ist zunächst zu betonen, daß beim nichtakzessorischen Sicherungsrecht die Sicherungsabrede, und nicht das gesicherte Recht - nach dem VIII. Senat des BGH[482] das Darlehen - das kausale Rechtsgeschäft darstellt.[483]
Daraus folgt, daß eine *künstliche Akzessorietät* nur aufgrund eines Sicherungsvertrages erschaffen werden kann. Eine direkte Verknüpfung zwischen Forderung und Sicherheit scheidet bei nichtakzessorischen Sicherheiten also aus. Es ist dabei unstreitig, daß die Akzessorietät von Sicherungsrechten nicht zur Disposition der Parteien steht.[484]

Die vom VIII. Senat des BGH[485] vertretene Schaffung eines neuen, rein akzessorischen Sicherungsrechts wegen des „tatsächlich Gewollten" ist daher nicht möglich. Insofern ist die maßgebende Frage, ob eine *künstliche Akzessorietät* anderweitig geschaffen werden kann.

Die Notwendigkeit einer ausdrücklichen Vereinbarung im Sicherungsvertrag läßt sich darüber hinaus aus § 223 Abs. 2 BGB ableiten, der auf das Fehlen der Akzessorietät bei bestimmten Sicherheiten hinweist. Daraus folgt der vom Gesetzgeber anerkannte Unterschied zwischen nichtakzessorischen und akzessorischen Sicherheiten.[486] Jede andere Auffassung, nämlich daß in Wirklichkeit jedesmal eine akzessorische Sicherheit von den Vertragspartnern gewollt ist,[487] wäre dann eine Rechtsschöpfung „contra oder wenigstens praeter legem."[488]

---

482 BGH NJW 1982, 275, 276.

483 Palandt-Heinrichs § 398 Rn. 3; Palandt-Bassenge § 930 Rn. 14.

484 K. Schmidt, FS für Serick, S. 329, 331 m.w.N.

485 BGH NJW 1982, 275, 276.

486 Jauernig NJW 1982, 268, 270; Gaul AcP 168, 351, 357 ff.

487 Bähr NJW 1983, 1473, 1474.

488 Jauernig NJW 1982, 268, 270.

Aus alledem folgt, daß die Anordnung der Akzessorietät eines Sicherungsrechts dem Gesetzgeber vorbehalten bleiben muß.[489]
Eine Sicherungsübertragung und eine Sicherungsübereignung bleiben im Zweifel unbedingt vereinbart, so daß es nicht zum automatischen Rückfall nichtakzessorischer Sicherheiten beim Sicherungszweckfortfall kommen kann. Eine Vereitelung oder Erledigung des Sicherungszwecks löst dann nur einen Rückübertragungsanspruch aus.
Besteht allerdings seitens beider Vertragsparteien der Wunsch, die Abstraktheit eines nichtakzessorischen Sicherungsmittels einzuschränken, indem das Sicherungsrecht und die Forderung miteinander verknüpft werden, so bedarf dies einer ausdrücklichen Vereinbarung.[490] Dies kann im zugrundeliegenden Sicherungsvertrag oder den Allgemeinen Geschäftsbedingungen geschehen.

## II. Inhaltliche Anforderungen an die *künstliche Akzessorietät*

Die Vertragsparteien können die Existenz der zu sichernden Forderung als Bedingung für die Wirksamkeit der nichtakzessorischen Sicherheit vereinbaren.[491] Des weiteren können die Parteien das Kausalgeschäft mit der Sicherheit zu einer Einheit gem. § 139 BGB mit der Folge zusammenfassen, daß sich die Unwirksamkeit des Grundgeschäfts auch auf die Sicherheit erstreckt.[492]

Die Verknüpfung zwischen Forderung und Sicherheit ist derart denkbar, daß die Sicherheit entweder *aufschiebend bedingt* ist durch das Entstehen oder *auflösend bedingt* ist durch das Erlöschen der Forderung. Diese Rechtsfigur ist als „Ersatzakzessorietät"[493] oder als „Akzessorietätsersatz"[494] bekannt.

---

489 Medicus JuS 1971, 497, 503; K. Schmidt, FS für Serick, S. 329, 333.

490 A.A. für die Sicherungszession, insbesondere die Lohn- und Gehaltsabtretung: K. Schmidt, FS für Serick, S. 329, 342 ff.

491 Für die Sicherungsübereignung: Palandt-Bassenge § 930 Rn. 14.

492 Für die Sicherungszession: Palandt-Heinrichs § 398 Rn. 3 m.w.N.

493 MüKo-Quack Anh. zu §§ 929-936 Rn. 124.

Eine reine Akzessorietät wird dadurch aber nicht ausgelöst, vielmehr bleibt diese Konstruktion eine Konsequenz aus der Nichtakzessorietät.[495]
Die auf diese Weise geschaffene Verbindung zwischen Forderung und Sicherheit ist jedoch nicht praktikabel, weil bei wechselnder Kredithöhe jedesmal Sicherheiten wieder aufs neue bestellt werden müßten.[496]
Eine solche Verbindung ist zudem ein Spiegelbild der *dinglichen Freigabeklausel*.[497] Die dingliche Freigabeklausel wurde als Rechtsfigur zur Übersicherungsvermeidung aus sachenrechtlichen Gründen bereits abgelehnt, da sie dem Bestimmtheitserfordernis nicht stand hält.[498] Gerade die unübersichtliche Sicherungslage bei den nichtakzessorischen Sicherheiten setzt die exakte Bestimmbarkeit des (Über-)Sicherungswertes voraus, ansonsten bliebe die bedingte Verknüpfung wirkungslos.

Des weiteren führt die dingliche Freigabeklausel zu Rechtsunsicherheit, weil bei teilweiser Kredittilgung Zweifel bestehen könnten, ob das Sicherungsgut *noch* dem Sicherungsnehmer zusteht oder ob es *bereits* an den Sicherungsgeber - und wenn ja, welches Sicherungsgut - zurückgefallen ist.[499]
Insbesondere Dritte sowie die Allgemeinheit haben ein Interesse an einer Klarheit der Zuordnungsverhältnisse, weil davon die Wirksamkeit der Erwerbsgeschäfte mit dem Sicherungsnehmer abhängen kann. Der Sicherungsnehmer kann nämlich beim automatischen Rückfall des Eigentums keinen gutgläubigen Erwerb gemäß § 933 BGB einleiten.[500]

---

494 Medicus JuS 1971, 497, 503.

495 K. Schmidt, FS für Serick, S. 329, 333.

496 Bülow ZBB 1990, 29, 30; BGH WM 1984, 357, 358 m.w.N.: „ ... die Vereinbarung einer auflösenden Bedingung ist im Bankgewerbe auch nicht üblich ..."

497 Vgl. oben 2. Kapitel, B.I.1.

498 Vgl. oben 2. Kapitel, B.I.3.

499 BGH WM 1976, 151, 152; BGH NJW 1984, 1184, 1186; vgl. dazu insbesondere bereits oben 2. Kapitel, B.I.3.

500 Staudinger-Wiegand Anh. zu §§ 929 ff. Rn. 203 f.; vgl. Derleder BB 1969, 725.

Daraus ergibt sich, daß die zu schaffende *künstliche Akzessorietät* diese Folgen vermeiden muß. Die *künstliche Akzessorietät* darf daher niemals den automatischen Rückfall der Sicherheit bei Nichtentstehen oder Erlöschen der zu sichernden Forderung an den Sicherungsgeber zur Folge haben. Andernfalls wäre eine neue, reine Akzessorietät geschaffen worden oder es wäre eine dingliche Freigabeklausel entstanden.
Die *künstliche Akzessorietät* will und kann nicht durch Vereinbarung eine ursprünglich nichtakzessorische Sicherheit im nachhinein in eine akzessorische umwandeln, weil dies gegen den eindeutigen Wortlaut des Gesetzes verstößt.[501]
Auf der anderen Seite darf die Vereinbarung einer *künstlichen Akzessorietät* nicht das Entstehen einer dinglichen Freigabeklausel zur Folge haben. Denn ein Freiwerden der überschüssigen Sicherheiten in Form einer dinglichen Freigabeklausel hält dem sachenrechtlichen Bestimmtheitsgrundsatz nicht stand und führt zu Rechtsunsicherheiten.[502]
Insofern kommt es bei der *künstlichen Akzessorietät* nicht zum automatischen Rückfall der Sicherheit im Falle der nicht existierenden Forderung. Der unzulässige Sicherheitenüberschuß muß daher anders vermieden werden.

Damit die *künstliche Akzessorietät* einen unzulässigen Sicherheitenüberschuß vermeidet, bedarf es einer Regelung, die vor allem den sachenrechtlichen Grundsätzen entsprechen muß.
Dies kann in der Art geschehen, daß eine Klausel den Sicherungsverträgen beigefügt wird, die eine Verbindung zwischen zu sichernder Forderung und der Sicherheit in Form eines wertmäßigen Verhältnisses herstellt.
Die Klausel müßte dergestalt sein, daß es zu keinem automatischen Rückfall der Sicherheit an den Sicherungsgeber käme, sobald die zu sichernde Forderung erlischt oder durch Tilgung reduziert wird. Vielmehr soll eine Wertgegenüberstellung zwischen Forderung und Sicherheit eine Differenz ausweisen, die dem Sicherungsgeber gegenüber dokumentiert werden kann. Entscheidend ist dabei, daß die Sicherheit beim Sicherungsnehmer verbleibt, ohne daß es zu einer unzulässigen Übersicherung kommen kann.

---

501 Darauf näher eingehend siehe oben 4. Kapitel, B.I. m.w.N.

502 Darauf näher eingehend siehe oben 2. Kapitel, B.I.3.

Der Vorteil würde darin liegen, daß der Kreditgeber die überschüssigen Sicherheiten im Bestand haben dürfte und gegebenenfalls bei Expandieren der Forderung oder neuen Forderungen auf die wertmäßig freigewordenen Sicherheiten zurückgreifen könnte. Auf der anderen Seite hätte eine Dokumentation des überschüssigen Sicherheitenwertes für den Sicherungsgeber die Folge, daß der für nichtakzessorische Sicherheiten typische Überschuß an Rechtsmacht vermieden wird,[503] weil der Sicherungsgeber ohne Freigabeverlangen die zu seinen Gunsten positive Wertdifferenz für weitere bzw. andere Kredite, auch bei anderen Kreditgebern, verwenden kann. Denn die bezifferte positive Differenz wird als herausgabefähiger Sicherheitenwert durch eine Klausel abgesichert. Die ausgewiesene positive Differenz dient dem Sicherungsgeber dann als Indikator zur Orientierung über den zu erwartenden Erlösanteil am ausgewiesenen Wert. Abtretungsfähig ist jedoch nur die Differenz zwischen einem tatsächlichen Verwertungserlös und der bisherigen Forderung, weil erst zu diesem Zeitpunkt die Forderung bestimmbar ist. In der zu findenden Klausel bestätigt der Sicherungsnehmer, daß der Anspruch auf den Verwertungserlös[504] insoweit antizipiert an den Sicherungsgeber abgetreten wird, als der Sicherungsnehmer ihn nicht mehr benötigt. D.h., im Zuge der Sicherheitenbestellung wird dem Sicherungsgeber in Abhängigkeit mit dem Forderungsbestand der Teil des (zukünftigen) Verwertungserlöses gemäß der §§ 398 ff. BGB abgetreten, als diesem keine fälligen Forderungen gegenüberstehen.[505] Eine insofern entstehende Teilabtretung ist zulässig.[506]
Das dem Sicherungsnehmer nur zu treuen Händen, also nicht endgültig sicherungshalber übertragene Vollrecht bleibt also nur so lange erhalten, wie dies der Sicherungszweck erfordert. Der Rechtsgrund für das Behaltendürfen der Sicherheit durch den Sicherungsnehmer entfällt mit der später eintretenden, zwecküberschreitenden Übersicherung. Im Verwertungsfall steht dem Sicherungsnehmer daher von vornherein lediglich nur ein Teil des Verwertungserlöses zu. Der andere, bereits

503 Vgl. Serick, Bd. III, § 37 I 3 b.

504 Zur Konkretisierung des Anteils siehe dazu unten 4. Kapitel, C.I.

505 Scholz/Lwowski Rn. 208.

506 Palandt-Heinrichs § 398 Rn. 10.

abgetretene Teil steht dem Sicherungsgeber zu. Über den ihm bereits abgetretenen Anspruch auf den Erlösanteil kann der Sicherungsgeber zwischenzeitlich verfügen, insbesondere durch Abtretung des Anspruchs an einen Dritten. Der Anspruch wird somit zum Sicherungsmittel.[507] Dadurch entsteht die Möglichkeit, sich bei anderen Kreditgebern weitere Kreditmittel zu verschaffen. Das Volleigentum an der Sicherheit verbleibt aber nach außen hin bei dem Sicherungsnehmer. Nach innen hin hat der Sicherungsgeber dem Sicherungsnehmer das Sicherungsmittel lediglich vorübergehend, und zwar bis zum Fortfall des Sicherungszwecks, übertragen.

Im Gegensatz zur dinglichen Freigabeklausel bestehen hier keine sachenrechtlichen Bedenken gegen diese Konstruktion, da für die Abtretung künftiger Ansprüche deren bloße Bestimmbarkeit ausreicht. Nach der Rechtsprechung[508] und der überwiegenden Literatur[509] reicht es für die Bestimmbarkeit der Abtretung künftiger Forderungen nämlich aus, wenn diese erst zum Zeitpunkt des Entstehens nach Gegenstand, Inhalt und Umfang genügend bestimmbar sind. Bei Abschluß des Zessionsvertrages muß die Forderung lediglich so bezeichnet werden, daß mit Entstehung die Übertragung sofort wirksam wird.

Der vom Sicherungsnehmer dokumentierte, überschüssige Sicherheitenwert stünde dann inhaltlich einem Anwartschaftsrecht gleich.
Wie beim Anwartschaftsrecht nimmt der Sicherungsgeber eine Position ein, bei der hinsichtlich des Entstehungstatbestandes des Vollrechts schon so viele Erfordernisse erfüllt sind, daß der Sicherungsnehmer die Rechtsposition des Sicherungsgebers nicht mehr durch einseitige Erklärung zerstören kann.[510]

---

507 Scholz/Lwowski Rn. 210.

508 BGHZ 7, 365, 367; BGH WM 1976, 151; BGH NJW 1988, 3204.

509 Palandt-Heinrichs § 398 Rn. 14; MüKo-Roth § 398 Rn. 63, 77; Serick, Bd. IV, § 47 II 2.

510 Vgl. BGHZ 75, 224; BGH NJW 1982, 1640; Medicus Rn. 456, 458.

Die *künstliche Akzessorietät* steht dem Anwartschaftsrecht jedoch nur inhaltlich gleich. Es bleibt also bei den von den Gesetzen erschöpfend geregelten dinglichen Rechten, dem sogenannten Typenzwang bzw. numerus clausus der Sachenrechte.[511] Im Unterschied zu den typischen Anwartschaftsrechten kommt es nicht zur Vollendung des Erwerbs des Sicherungsmittels, sondern lediglich zur „Verfügungsberechtigung“ über einen vom Sicherungsnehmer auszuweisenden Wert. Dieser Wert geht mit der Abtretung des Anspruchs auf den nicht mehr benötigten Verwertungserlös auf den Sicherungsgeber über. Eine durch Tilgung der zu sichernden Forderung auflösend bedingte Sicherungsübereignung oder Sicherungszession ist nicht gewollt. Dies würde nämlich wieder einer dinglichen Freigabeklausel entsprechen.
Aufgrund der zu findenden Klausel darf die Verfügbarkeit über den überschüssigen Sicherheitenteil nur vom Sicherungsgeber abhängen. Folglich hätte der Sicherungsgeber bezogen auf den dokumentierten Sicherheitenüberschuß eine rechtlich gesicherte Position, die ihm grundsätzlich nicht mehr durch eine einseitige Handlung des Sicherungsnehmers entzogen werden kann.

Die abgetretene Forderung ist selbst übertragbar, vererblich, verpfändbar und der Zwangsvollstreckung unterworfen, soweit der Sicherungsgeber Berechtigter ist.

Die Initiative für die weitere Verwendung des überschüssigen Sicherheitenwertes kann vom Sicherungsnehmer als auch vom Sicherungsgeber ausgehen. Bedenken gegen eine Freigabe erst auf Verlangen des Sicherungsgebers bestehen jedoch nicht.[512] Aufgrund der Tatsache, daß dieser den Umfang und den Wert der Sicherungsübertragungen besser beurteilen kann als ein Sicherungsnehmer, welcher eine Vielzahl solcher Beträge zu verwalten hat, ist der Sicherungsgeber nicht unangemessen benachteiligt.

---

511 Palandt-Bassenge Einl. v. § 854 Rn. 4.

512 Ulmer/Brandner/Hensen, Anh. §§ 19-11 Rn. 658 a; Göbel, S. 163.

Ein Klausel zur Begründung einer *künstlichen Akzessorietät* könnte folgenden Wortlaut haben:

*Das Kreditinstitut bestätigt auf Wunsch des Sicherungsgebers, mindestens jedoch einmal jährlich, unter Angabe eines DM-Gegenwertes, die positive Differenz zwischen Sicherheit(en) und Forderung(en) bezogen auf den Moment des Freigabeverlangens.*
*Für die Bewertung der Sicherheiten ist der dem jeweiligen Kreditgeschäft zugrundeliegende Sicherheitenvertrag maßgebend.*
*Auf Verlangen des Kunden werden die überschüssigen Sicherheiten freigegeben.*
*Das Kreditinstitut tritt schon jetzt den Anspruch auf den etwaigen Verwertungserlös, den es gegen einen erwerbenden Dritten hat, insoweit an den Sicherungsgeber ab, als dem Verwertungserlös keine fälligen Forderungen gegenüberstehen.*

## 1. Abgrenzung zur qualifizierten Freigabeklausel des BGH

Im Gegensatz zu der vom BGH[513] geforderten qualifizierten Freigabeklausel bei Globalsicherheiten, entspricht diese Klausel den angestrebten Zielen der Rechtsprechung.[514]
Das Primärziel, nämlich die Übersicherungsvermeidung, wird erreicht.
Durch die Verknüpfung zwischen Sicherheit und Forderung aufgrund der Vereinbarung einer *künstlichen Akzessorietät* wird jedwede Übersicherung ausgeschlossen, weil der Sicherungsnehmer kein Übermaß an Sicherheiten anhäuft, ohne daß dem Sicherungsgeber die Kenntnis darüber und die Verfügungsmöglichkeit verwehrt wird.

Der Wegfall der Übersicherungsmöglichkeit kommt umgekehrt auch dem Sicherungsnehmer zugute, weil er von vornherein nicht mehr dem Risiko

---

513 BGH WM 1994, 414 ff.; BGH WM 1994, 419 ff.

514 Vgl. oben 3. Kapitel, A.

einer Gläubigergefährdung[515] ausgesetzt ist. Durch den Wegfall des Übersicherungsrisikos läuft er nicht mehr Gefahr, sämtliche Sicherheiten aufgrund des wegen Übersicherung unzulässigen Sicherheitenvertrages zu verlieren. Außerdem kommt es auch nicht mehr zur gänzlich ungewollten Folge, daß unberechtigten Drittgläubigern, insbesondere Konkursverwaltern, als „lachenden Nutznießern" dann die Sicherheit zufällt.

Des weiteren besteht bei der *künstlichen Akzessorietät* auch für eventuelle Bewertungsprobleme kein Raum mehr.[516] Streitigkeiten hinsichtlich der unterschiedlichen Bewertungsmethoden, die insbesondere zum Zeitpunkt der Insolvenz des Sicherungsgebers auftreten könnten, kommen erst gar nicht zur Entstehung, weil der zugrundeliegende Sicherheitenvertrag den Sicherheitenwert angibt und sich daraus auch die Art der Bewertung ergibt.
Die Bewertungsprobleme bei der „herkömmlichen" Freigabeklausel ergeben sich aus dem notwendigen Erfordernis des Sicherungsgebers, durch nachvollziehbare Bewertungsregeln das Maß möglicher Übersicherungen ohne Hinzuziehung von Sachverständigen erreichen zu können.[517]
Die Berechnungsart spielt dabei insbesondere im Hinblick auf die Deckungsgrenze eine besondere Rolle, weil bei einem dauerhaften Überschreiten von einer unzulässigen Übersicherung auszugehen ist. Die Deckungsgrenze fällt jedoch als Indikator für die Übersicherung bei der *künstlichen Akzessorietät* weg, weil die Sicherheit an die Höhe der Forderung gekoppelt ist. Der Wert der Forderung tritt somit an die Stelle der überflüssig gewordenen Deckungsgrenze.

Abgesehen von den nun entfallenden Streitigkeiten, ob z.B. der realisierbare Wert oder der Nenn- bzw. Nominalwert maßgebend ist, besteht ein weiterer Vorteil darin, daß sich die Freigabe darüber hinaus anhand des konkreten Einzelfalles im Hinblick auf das jeweilige Verhältnis zwischen Sicherheit und Forderung entscheidet. Es wird also die pauschalisierende

---

[515] Vgl. oben 3. Kapitel, A.II.

[516] Vgl. oben 3. Kapitel, A.I.

[517] Vgl. oben 1. Kapitel, B.II.

Betrachtungsweise[518] durch die nun entstehende Einzelfallgerechtigkeit ersetzt.

Durch die *künstliche Akzessorietät* paßt sich die Sicherheit wertmäßig der Forderung an und gewährleistet dem Sicherungsgeber zugleich die größtmögliche wirtschaftliche Bewegungsfreiheit, indem überschüssige Sicherheiten entweder auf Verlangen an den Sicherungsgeber ausgekehrt werden oder die „positive Differenz" als Forderungsanspruch gegenüber dem Sicherungsnehmer an Dritte abgetreten werden kann.
Hierin ist mehr als eine ausdrückliche Freigabeverpflichtung[519] zu sehen. Die Freigabe entsteht praktisch von alleine und wird zudem vom Sicherungsnehmer dokumentiert, weil dieser die Sicherheiten weiter in seinem Bestand hält und verwaltet. Im Unterschied zu der Situation, in der der Sicherungsgeber erst die überschüssige Sicherheitenlage darlegen mußte, geschieht dies nun durch das neu geschaffene Verhältnis von Sicherheit und Forderung von selbst. Daraus folgt, daß der Sicherungsgeber die erstrebte Freigabe von Sicherheiten im Zweifel nicht mehr gerichtlich erstreiten muß, um die Sicherungsmittel für andere Kredite verwenden zu können. Dadurch kommt es nicht mehr zu Verzögerungen, die u.U. die Bonität des Sicherungsgebers beeinflussen könnten.[520] Die von der Rechtsprechung[521] geforderte ausdrückliche Freigabeverpflichtung ist also erfüllt.

---

518 Vgl. oben 3. Kapitel, A.I.2.

519 Vgl. oben 2. Kapitel, C.I.2.

520 Vgl. Pottschmidt/Rohr Rn. 514.

521 BGH WM 1990, 51 ff.; BGH WM 1994, 414 ff.; BGH WM 1994, 419 ff.

## 2. Abgrenzung gegenüber der Freigabe nach verständiger Auslegung der Sicherungsabrede gem. §§ 133, 157, 242 BGB

In seiner Entscheidung vom 13. Januar 1994[522] erinnert der BGH daran, daß es in Kredit- bzw. Sicherungsverträgen mitnichten einer Bestätigung der gesetzlichen Ansprüche bedarf. Der BGH greift dabei auf seine alte[523] und später allgemein anerkannte[524] Rechtsprechung zurück, wonach ein Freigabeanspruch trotz Fehlens einer vertraglichen Freigabeklausel aufgrund verständiger Auslegung der Sicherungsabrede gem. §§ 133, 157, 242 BGB besteht, falls die zu sichernde Forderung noch nicht gänzlich getilgt, jedoch schon eine Übersicherung des Sicherungsnehmers eingetreten ist.

Hierauf aufbauend hat der BGH in seiner Entscheidung vom 13. Januar 1994[525] klargestellt, daß ein Freigabeanspruch zumindest nicht mehr bei sogenannten Singularsicherheiten fixiert werden muß. Bei den Singularsicherheiten ist der Sicherungsnehmer auch ohne Freigabeklausel verpflichtet, nach Wegfall des Sicherungszwecks die sicherungshalber übertragenen Sicherheiten zurückzuübertragen. Das soll jedoch nicht für die Fälle gelten, in denen sich der Sicherungsnehmer Sicherheiten hat einräumen lassen, die sich auf Vermögen erstrecken, das der Sicherungsgeber erst in Zukunft erwirbt (sogenannte Globalsicherheiten).

Die mangelnde Kontrolle über die Sicherheitenentwicklung bei den Globalsicherheiten bereitet dem Sicherungsgeber Schwierigkeiten und Ungewißheit bei der Durchsetzung seines - ihm bereits gem. §§ 133, 157, 242 BGB zustehenden - Freigabeverlangens.

---

522 BGH WM 1994, 419, 420.

523 BGH WM 1960, 855, 856.

524 BGH WM 1965, 84, 85; BGH WM 1983, 961, 963; BGH WM 1990, 423, 424; Serick, Bd. III, § 37 IV 2; Serick EWiR § 9 AGBG 5/94, S. 209; Merkel WuB I F 5.-2.93.

525 BGH WM 1994, 414 ff.; BGH WM 1994, 419 ff.

Die qualifizierte Freigabeklausel des BGH[526] enthält nun eine Regelung, mit der der Sicherungsgeber erkennen kann, wann eine Übersicherung in welchem Umfang eingetreten ist.
Durch die vertragliche Begründung der qualifizierten Freigabeklausel kann der Sicherungsgeber zu jedem Zeitpunkt mit zumutbarem Aufwand die Sicherungssituation analysieren und die Freigabe überschüssiger Sicherheiten erfolgreicher durchsetzen.
Die Klausel ermöglicht dem Sicherungsgeber darüber hinaus bei mangelndem Freigabeinteresse des Sicherungsgebers ein Mindestmaß an wirtschaftlicher Handlungsfreiheit, da insbesondere die reine Freigabemöglichkeit auch für das Verhältnis zu Dritten von Bedeutung ist.[527]
Ein Freigabeanspruch, der sich lediglich aus dem Sicherungsvertrag ableiten läßt und sich nach Treu und Glauben begründet (§§ 133, 157, 242 BGB), reicht dafür jedenfalls nicht aus.

Auf der anderen Seite weist die qualifizierte Freigabeklausel jedoch selbst Schwächen auf, die die Übersicherungsproblematik nicht befriedigend löst.[528]
Die qualifizierte Freigabeklausel und der Freigabeanspruch aus §§ 133, 157, 242 BGB stehen sich insofern gleich, als beide dem Sicherungsgeber im Falle der Übersicherung einen schuldrechtlichen Freigabeanspruch zusprechen.
Grundsätzlich rettet allein die Möglichkeit, die Freigabe geltend machen zu können, die Sicherheit in ihrem rechtlichen Bestand.[529]
Beiden Ansprüchen haftet allerdings der Makel an, daß der Anspruch gegebenenfalls erst gerichtlich durchgesetzt werden muß. Die Freigabemöglichkeit ist zudem bei dem Freigabeanspruch aus Sicherungsvertrag (§§ 133, 157, 242 BGB) insoweit eingeschränkt, als die Sicherheitenlage im Gegensatz zur qualifizierten Freigabeklausel noch völlig undurchsichtig ist.

---

526 Dazu oben näher 2. Kapitel, B.II.2.

527 Vgl. oben 3. Kapitel, A.II.

528 Vgl. oben 3. Kapitel, A.I.

529 Lambsdorff ZIP 1986, 1524, 1526.

Im Gegensatz dazu weist die Lösung anhand der *künstlichen Akzessorietät* dem Sicherungsgeber sofort im Übersicherungsfalle einen positiven Sicherheitenüberschuß zu, welcher umgehend wieder als Sicherheit verwendet werden kann. Damit entfällt nicht nur die Gefahr, die Freigabeansprüche gerichtlich durchsetzen zu müssen, sondern auch die mögliche Situation, einer unübersichtlichen Sicherheitenentwicklung ohnmächtig gegenüber zu stehen.
Insofern ermöglicht die *künstliche Akzessorietät* nicht nur die Übersicherungsvermeidung, sondern auch die Gewährleistung der wirtschaftlichen Bewegungsfreiheit des Sicherungsgebers.
Die *künstliche Akzessorietät* stärkt somit die Position des Sicherungsgebers und vermeidet obendrein die Folgeprobleme, die sich aufgrund der qualifizierten Freigabeklausel ergeben.

## C. Freigabe von nichtakzessorischen teilbaren und nichtteilbaren Vermögensgegenständen

Die Verbindung von Forderung und Sicherheit aufgrund der *künstlichen Akzessorietät* ermöglicht die Beleihung der positiven Differenz durch Abtretung des Rückgewähranspruches. Da gem. §§ 398 ff. BGB lediglich Forderungen abgetreten werden können, bedarf es einer anderen Lösung für gegenständliche Sicherheiten. Die gegenständlichen Sicherheiten unterteilen sich dabei in teilbare und nichtteilbare Sicherheiten.

Bei der inhaltlichen Unterteilung der Sicherheiten ist zu berücksichtigen, daß der BGH[530] die Grundsätze der Übersicherung und Sicherheitenfreigabe aufgrund mangelnder oder fehlender Freigabeklauseln auf bestimmte Fallgruppen begrenzt hat.
Aus der Natur der Sache heraus spielen die rein akzessorischen Sicherheiten bei der hier gegenständlichen Übersicherungsproblematik ohnehin keine Rolle.

---

530 BGH WM 1994, 414 ff.; BGH WM 1994, 419 ff.

Der BGH[531] hat zudem unter großer Zustimmung[532] die letzten Klarstellungen dahingehend vorgenommen, daß Freigabeverpflichtungen nur noch in sogenannten Globalsicherungsverträgen enthalten sein müssen. Sogenannte Singularsicherheiten bedürfen somit für eine rechtswirksame Sicherheitenbestellung keiner Freigabeklauseln mehr.

Die Lösung der *künstlichen Akzessorietät* kann die teilbaren und nichtteilbaren Sicherheiten im Hinblick auf die Übersicherungsproblematik jedoch nur dann beeinflussen, wenn diese Sicherheiten auch als Globalsicherheiten zu charakterisieren sind.

Nichtteilbare Sicherheiten sind Sicherungsgüter, die - wie Singularsicherheiten - von Anfang an klar umrissen sind, so daß der Sicherungsgeber meist mit vertretbarem Aufwand ermitteln kann, welchen Wert sie bei Vertragsschluß besitzen und wie sie sich in Zukunft voraussichtlich entwickeln werden.[533]
Die Übertragung dieser Sicherheiten ist hier insoweit unproblematisch, weil sie nunmehr auch ohne Freigabeklauseln rechtmäßig übertragen werden können.[534] Die Lösung der *künstlichen Akzessorietät* ist daher nicht für nichtteilbare Sicherheiten einschlägig.

Als gegenständliche nichtakzessorische und teilbare Globalsicherheiten bleiben daher die Sicherungsübereignung eines Warenlagers mit wechselndem Bestand und der Eigentumsvorbehalt übrig, bei denen eine *künstliche Akzessorietät* vereinbart werden kann. Dies sind gleichzeitig - zusammen mit der Forderungsabtretung - die gängigsten Sicherungsmittel.

---

531 BGH WM 1994, 414 ff.; BGH WM 1994, 419 ff.

532 Früh DB 1994, 1860 ff.; Bruchner WuB I F 3.-2.94; Neuhof WM 1994, 1705 ff.; Nielsen WM 1994, 2221 ff.

533 Vgl. Rellermeyer WM 1994, 1053, 1056.

534 Vgl. BGH WM 1994, 414 ff.; BGH WM 1994, 419 ff.

## I. Sicherungsübereignung eines Warenlagers mit wechselndem Bestand

Die Übereignung eines Warenlagers mit wechselndem Bestand ist mit der Situation bei der Globalzession vergleichbar.
Ähnlich wie bei der Globalzession kann es hier durch den Umschlag der eingelagerten Güter zu einer unübersichtlichen Entwicklung der Sicherheitenbestellung kommen.
Solange der Sicherungsnehmer jedoch nicht vollständig befriedigt ist, kann der Sicherungsgeber grundsätzlich nicht die Herausgabe sämtlicher Sicherheiten verlangen.

Die Lösung der *künstlichen Akzessorietät* ist deshalb an einer anteiligen Verfügbarkeit interessiert, und zwar gemessen an dem Wert der jeweils befriedigten Forderungen.
Die automatische Einräumung eines ideellen Miteigentumsanteils an einem sicherungsübereigneten Warenlager in Höhe der jeweils getilgten Forderung ist jedoch aus sachenrechtlichen Gründen wegen der mangelnden Bestimmtheit kaum möglich und daher wenig praktikabel. Anders sieht es hingegen bei der Sicherungsübereignung einzelner Gegenstände aus. Fraglich ist daher, wie eine teilweise Verfügbarkeit über sicherungsübereignete Warenlager mit wechselndem Bestand ausgestaltet sein muß, um den sachenrechtlichen Erfordernissen zu entsprechen.

Die Bestimmtheit der freizugebenden Sachen ist hier von besonderer Bedeutung, weil eine wertmäßige Bezeichnung nicht ausreicht, um die jeweils freizugebende Sicherheit zu bestimmen. Die Rechtswirksamkeit der Übereignung hängt vielmehr von einer exakten Kennzeichnung der als Sicherheit dienenden Gegenstände ab. Dabei ist eine Individualisierung dieser Gegenstände in der Art vorzunehmen, daß aufgrund der Beschreibung ihre Identität für jeden, der den Vertragsinhalt kennt, zweifelsfrei ist.[535]
Es kann also dem Sicherungsgeber keine Verfügungsmöglichkeit über Sicherheiten dergestalt zugesprochen werden, daß irgendeine dem Wert der

---

535 Scholz/Lwowski Rn. 509.

positiven Differenz entsprechende Sache dem Sicherungsgeber zurückübereignet wird.
Der sachenrechtlichen Bestimmtheit wird man jedoch dadurch gerecht, indem man quasi ein „umgekehrtes" antizipiertes Besitzkonstitut schafft. Eine solche Vereinbarung müßte so aussehen, daß bei mehreren hintereinander in ein Lager eingelieferten Sicherheiten aufgeführt wird, welche Sicherungsübereignung der nächsten zeitlich vorgeht. Dabei sind die Zugänge den Abgängen gegenüberzustellen, so daß zu jedem Zeitpunkt eine Auflistung erstellt werden kann, die die sicherungsübereigneten Waren anhand der Einlagerungsdauer dokumentiert.[536] Es kommt somit zu einer Aufstellung des Inventars im Sinne der §§ 240 f. HGB.
Die Individualisierung durch Bezugnahme auf Urkunden (Lagerbücher, Bestandslisten), die das Sicherungsgut einwandfrei kennzeichnen, entspricht dann dem sachenrechtlichen Bestimmtheitserfordernis, wenn sie Bestandteil des Vertrages geworden sind.[537]
Diese Freigaberegelung ist nicht mit der von Wolf[538] diskutierten auflösenden Bedingung zu verwechseln, wobei entsprechend der Tilgung der gesicherten Forderung die Sicherungsgegenstände in einer bestimmten Reihenfolge von selbst frei werden, z.B. analog § 366 Abs. 2 BGB die Gegenstände mit geringer Sicherheit zuerst. Abgesehen von der sachenrechtlichen Unbestimmtheit, welche Gegenstände frei geworden sind und welche nicht, ist diese Lösung schon deshalb nicht praktikabel, weil bei wechselnder Kreditinanspruchnahme die freigewordenen Sicherheiten wieder neu bestellt werden müßten.

Aufgrund der im Sicherungsvertrag vereinbarten *künstlichen Akzessorietät* wird die zu sichernde Forderung mit dem Bestand des sicherungsübereigneten Lagers daher in ein wertmäßiges Verhältnis gesetzt. Der Ausweis der positiven Differenz steht dabei einem schuldrechtlichen Rückübereignungsanspruch in Höhe der getilgten Forderung gleich. Im Gegensatz zur

---

536 Durch das nunmehr hohe technische Niveau in fast allen Branchen, bereitet dies in der Praxis auch keine Probleme mehr.

537 Scholz/Lwowski Rn. 514 m.w.N.

538 Wolf, FS für Baur, S. 147, 164.

aufschiebend bzw. auflösend bedingten Sicherungsübereignung fällt jedoch das Eigentum nicht unmittelbar an den Sicherungsgeber zurück. Anhand der Auflistung der Sicherheiten wird der Rückübertragungsanspruch aber insofern verdeutlicht als es zum Ausweis kommt, welche Gegenstände hinter dem Anspruch konkret stehen. Die Rangfolge der Freigabe würde sich dabei nach der Bestellung der Sicherheit bestimmen, d.h. die zeitlich früher bestellte Sicherheit hätte den Vorrang vor der später bestellten.[539]

Die Kombination zwischen Dokumentation der freigewordenen Sicherheiten und des wertmäßigen Freigabeanspruchs ermöglicht dem Sicherungsgeber also wahlweise eine erleichterte Durchsetzung des Herausgabeanspruchs oder eine Übertragung dieses Anspruches nach den §§ 929 ff. BGB als neuentstandene eigene Sicherheit für andere Kredite.
Letztere Möglichkeit ergibt sich aus der *künstlichen Akzessorietät*, bei der es eben nicht um die Freigabe von Sicherheiten im Sinne der Herausgabe der Gegenstände geht, sondern um die Übertragung dieses Rechts, welches sich daraus ergibt, daß die dem Sicherungsgeber zustehenden Gegenstände im Eigentum des Sicherungsnehmers verbleiben. Insofern ist hier ein im Sinne der §§ 929 ff. BGB übertragungsfähiges Anwartschaftsrecht entstanden.[540] Dieses Antwartschaftsrecht steht dem Sicherungsgeber zur freien Verfügung, mit der Folge, daß es auch als neues Sicherungsmittel verwendet werden kann.

## II. Eigentumsvorbehalt

Die Situation beim Eigentumsvorbehalt ist gegenüber der Sicherungsübereignung eines Warenlagers mit wechselndem Bestand relativ unproblematisch.

Zunächst bedarf es einer Differenzierung anhand der besonderen Arten des Eigentumsvorbehalts.

---

539 First-In-First-Out-Prinzip.

540 Vgl. zum Anwartschaftsrecht oben 4. Kapitel, B.II.

## 1. Einfacher Eigentumsvorbehalt

Ein sogenannter einfacher Eigentumsvorbehalt erstreckt sich nur auf die verkaufte Sache, die im Besitz des Vorbehaltskäufers bleiben soll. Hierbei erfolgt die Übereignung gem. § 455 BGB im Zweifel unter der aufschiebenden Bedingung vollständiger Kaufpreiszahlung.[541] Eine Übersicherung kann beim einfachen Eigentumsvorbehalt dadurch entstehen, daß der Vorbehaltsverkäufer das Eigentum vollständig behält, obwohl lediglich eine geringe Restrate aussteht. Diese Übersicherung ist jedoch nicht als unzulässig zu bezeichnen, weil sie im Sinne des § 455 BGB ist und daher nicht gegen die Intention des § 9 AGBG verstoßen kann. Daraus folgt, daß der einfache Eigentumsvorbehalt keiner gesonderten Regelung in bezug auf die Übersicherungsproblematik bedarf. Eine Freigabeklausel ist nicht erforderlich.

## 2. Erweiterter Eigentumsvorbehalt

Der erweiterte Eigentumsvorbehalt gleicht inhaltlich einer Sicherungsübereignung mit weiter Zweckabrede, weil er neben der Kaufpreisforderung auch alle gegenwärtigen und künftigen Forderungen des Lieferanten aus der Geschäftsverbindung absichert.[542]

In diesem Fall kommt es zu einer Übersicherung, wenn der Eigentumsübergang nur durch die noch valutierende Nebenforderung verhindert wird.

Der Verkäufer bleibt - wie beim einfachen Eigentumsvorbehalt - bis zum Bedingungseintritt Eigentümer des gelieferten Gegenstandes. Gleichzeitig erwirbt der Käufer mit dem bedingten Eigentum ein Anwartschaftsrecht. Für den Eigentumsvorbehaltskauf folgt daraus eine kausale Verknüpfung des Anwartschaftsrechts mit dem Bestand der Forderung.

Die *künstliche Akzessorietät* stellt dabei die ausstehende Forderung mit den unter Eigentumsvorbehalt gelieferten Gegenständen in ein wertmäßiges Verhältnis. Diese Verhältniszahl dokumentiert somit quasi den Wert des Anwartschaftsrechts. Dieses Anwartschaftsrecht sichert den Vorbehalts-

---

541 Palandt-Putzo § 455 Rn. 13.

542 Palandt-Putzo § 455 Rn. 14 ff.

käufer dinglich ab, so daß für einen weitergehenden Übersicherungsschutz kein Bedarf besteht. Das Anwartschaftsrecht steht dem Vorbehaltskäufer als Berechtigtem nämlich zur freien Verfügung und kann zur weiteren Kreditgewährung eingesetzt werden. Die wirtschaftliche Bewegungsfreiheit bleibt dem Vorbehaltskäufer insoweit erhalten, und zwar in Höhe der getilgten Forderung.

## 3. Verlängerter Eigentumsvorbehalt

Die Parteien können für den Fall, daß der einfache Eigentumsvorbehalt durch Weiterveräußerung, Verbindung oder Verarbeitung erlischt, einen verlängerten Eigentumsvorbehalt vereinbaren.[543]

Bei der Weiterveräußerung ermächtigt der Verkäufer den Vorbehaltskäufer zum Weiterverkauf der unter Eigentumsvorbehalt gelieferten Ware (§ 185 Abs. 1 BGB) und läßt sich durch eine sogenannte Vorausabtretungsklausel die aus dem Weiterverkauf entstehenden Kaufpreisforderungen im voraus abtreten.[544]
Die Übersicherungsgefahr begründet sich hier darin, daß die Vorausabtretung der Weiterverkaufsforderung auch die Gewinnmarge des Vorbehaltskäufers umfaßt. In Höhe dieser Marge kann es zu einer unzulässigen Übersicherung kommen. Diese Konstruktion ist mit der Globalzession insoweit vergleichbar, als auch hier künftige Forderungen übertragen werden, die zu einem unkontrollierten Sicherheitenzuwachs führen können.

Insofern vereinigt der verlängerte Eigentumsvorbehalt mit Vorausabtretungsklausel die Übersicherungsrisiken des einfachen Eigentumsvorbehalts und der Globalzession auf sich. Da jedoch der einfache Eigentumsvorbehalt aufgrund § 455 BGB nicht zu einer unzulässigen Übersicherung führen kann, begrenzt sich das Übersicherungsrisiko lediglich auf die

---

543 Vgl. Palandt-Putzo § 455 Rn. 17.

544 Palandt-Putzo § 455 Rn. 17.

mitabgetretene Gewinnmarge. Somit ist die Sicherungslage mit der bei der Globalzession identisch.

Diese benachteiligende Wirkung bei dem verlängerten Eigentumsvorbehalt mit Vorausabtretungsklausel wird durch die Vereinbarung einer *künstlichen Akzessorietät* korrigiert.
Hierbei wird die Forderung des Vorbehaltsverkäufers gegen den Vorbehaltskäufer in ein Verhältnis zur Forderung des Vorbehaltsverkäufers gegen den Dritten gesetzt, welche ihm aufgrund des verlängerten Eigentumsvorbehalts vom Vorbehaltskäufer abgetreten wurde. Der Ausweis der positiven Differenz zwischen der Forderung des Vorbehaltsverkäufers gegen den Vorbehaltskäufer, und die sich aus der Vorausabtretungsklausel ergebende Sicherheit, kann dann gem. §§ 398 ff. BGB wieder als eigenständiges Sicherungsmittel abgetreten werden. Eine unangemessene Übersicherung findet also nicht statt.

Bei der Verbindung oder Verarbeitung der unter Eigentumsvorbehalt gelieferten Waren zu einer neuen Sache, wird der Vorbehaltsverkäufer durch Parteivereinbarung zum Hersteller im Sinne von § 950 Abs. 1 BGB bestimmt, so daß dieser auch originärer Eigentümer wird.[545]
Die Übersicherungsgefahr besteht hier darin, daß die neu entstandene Sache, die ursprünglich unter Eigentumsvorbehalt gelieferten Gegenstände wertmäßig unverhältnismäßig überragt. Diese Differenz kann eine unzulässige Übersicherung darstellen. Obwohl in diesem Fall keine unkontrollierte Forderung das Übersicherungsrisiko auslöst, besteht hinsichtlich der Sicherheitenmehrung eine Parallele zur Globalzession, weil mit der Verarbeitungsklausel auch ein erst in der Zukunft entstehender Wert übertragen wird. Da der Mehrwert durch die Verarbeitung von vornherein nicht bezifferbar ist, liegt hier ebenfalls eine unübersichtliche Sicherheitenentwicklung vor.

Dadurch, daß der Vorbehaltsverkäufer Eigentümer der neuen Sache geworden ist, der Vorbehaltskäufer jedoch weiterhin im Besitz dieser Sache

545 Palandt-Bassenge § 950 Rn. 11 m.w.N.; a.A. Erman-Hefermehl § 950 Rn. 7 m.w.N., wonach der Eigentumsübergang gemäß §§ 929 Abs. 1, 930 BGB stattfindet.

bleibt und erst das Eigentum bei vollständiger Kaufpreiszahlung erhält, ist die Sicherheitenlage mit der beim erweiterten Eigentumsvorbehalt vergleichbar.[546] Zwar erhält der Vorbehaltsverkäufer durch die Verarbeitung u.U. eine werthaltigere Sicherheit, die mit der ursprünglich abgesicherten Forderung nicht mehr wertmäßig korrespondiert, doch erhält der Vorbehaltskäufer im Gegenzug auch ein wertvolleres Anwartschaftsrecht. Da er auch als Berechtigter über dieses Anwartschaftsrecht frei verfügen kann, ist seine wirtschaftliche Bewegungsfreiheit in keiner Weise eingeschränkt. Die *künstliche Akzessorietät* verdeutlicht in diesem Zusammenhang durch die wertmäßige Verknüpfung von Forderung und Sicherheit lediglich den Wert des Anwartschaftsrechts, welcher dann auch formell zum Ausweis gebracht wird.

## D. Zusammenfassung und Ergebnis

Für die verschiedenen Sicherungsmittel haben Literatur und Rechtsprechung unterschiedliche Lösungsansätze entwickelt, um die Übersicherungsproblematik für alle Beteiligten gerecht in den Griff zu bekommen.

Weitgehende Übereinstimmung besteht dabei hinsichtlich der gesetzlichen (akzessorischen) Sicherheiten und der Singularsicherheiten. Bezogen auf die Singularsicherheiten hat der BGH im Januar 1994 - unter Zustimmung der Literatur - festgestellt, daß ein Freigabeanspruch ausreicht, der in das billige Ermessen des Sicherungsnehmers gestellt wird, weil die Sicherheit von vornherein klar umrissen ist und ein unkontrolliertes Anwachsen der Sicherheit den Sicherungsgeber nicht unzulässig benachteiligen kann.

Im Gegensatz dazu besteht in Literatur und Rechtsprechung, insbesondere zwischen den verschiedenen Senaten des BGH, Uneinigkeit, wie die Freigabe bei Globalsicherheiten ausgestaltet sein muß, um eine unzulässige Übersicherung zu vermeiden. Aufgrund der Tatsache, daß die wertmäßige Entwicklung der Globalsicherheiten ungewiß ist, bedarf es hier eines anderen Freigabemaßstabes als das „billige Ermessen". Einen für Sicherungsgeber und Sicherungsnehmer nachvollziehbaren und nicht in das

546 Siehe oben 4. Kapitel, C.II.2.

billige Ermessen gestellten Maßstab stellt die sogenannte *künstliche Akzessorietät* dar.

Die Rechtsfigur der *künstlichen Akzessorietät* stellt eine Verbindung von Sicherheit und Forderung her, die durch eine Vereinbarung im Sicherungsvertrag getroffen wird. Dabei kommt es zu einer wertmäßigen Angleichung zwischen Forderung und Sicherheit, ohne daß sich beide jedoch bedingen. Es wird vielmehr die wertmäßige Differenz zwischen Forderung und Sicherheit zum Ausweis gebracht, welche wiederum als eigenständiges Sicherungsmittel verwendet werden kann. Dies geschieht bei Forderungsabtretungen durch Abtretung des überschüssigen Anspruchs gem. §§ 398 ff. BGB und bei der Sicherungsübereignung und dem Eigentumsvorbehalt durch Übertragung eines entstehenden Anwartschaftsrechts gem. §§ 929 ff. BGB.
Auf diesem Wege wird einer unzulässigen Übersicherung vorgebeugt und der Sicherungsgeber erhält die größtmögliche wirtschaftliche Bewegungsfreiheit.

Obwohl die *künstliche Akzessorietät* wie die akzessorischen Sicherungsmittel und die dingliche Freigabeklausel, Sicherheit und Forderung miteinander verbindet, unterscheidet sie sich in ihrer Ausgestaltung deutlich von diesen beiden Rechtsfiguren.
Ein wesentlicher Unterschied zur *künstlichen Akzessorietät* besteht darin, daß mit Erlöschen der Forderung bei beiden Rechtsfiguren die Sicherheit automatisch an den Sicherungsgeber zurückfällt. Obgleich dadurch eine unzulässige Übersicherung vermieden wird, sind diese Lösungen in der Regel nicht praktikabel, weil bei Kreditinanspruchnahmen in ständig wechselnder Höhe jedesmal eine neue Sicherheit bestellt werden muß. Bei der *künstlichen Akzessorietät* hingegen verbleibt die Sicherheit beim Sicherungsnehmer. Im Falle der Aufstockung des Kredites reduziert sich lediglich der wertmäßige Anspruch des Sicherungsgebers auf die überschüssigen Sicherheiten.
Darüber hinaus hält die dingliche Freigabeklausel bei Globalsicherheiten dem sachenrechtlichen Bestimmtheitserfordernis nicht stand.
Die Akzessorietät hingegen beschränkt sich auf die gesetzlichen Sicherungsmittel wie Bürgschaft, Pfandrecht und Hypothek. Die

gängigeren, und im Massenkreditgeschäft der Banken verwendeten Sicherungsmittel sind jedoch nichtakzessorisch (Forderungsabtretung, Sicherungsübereignung, Eigentumsvorbehalt). Die für diese Sicherungsmittel zur Übersicherungsvermeidung erarbeiteten Freigabeklauseln - gemeint sind die einfachen und die qualifizierten - führen zu unbefriedigenden Ergebnissen hinsichtlich der Durchsetzbarkeit und der Gläubigergefährdung.
Hier setzt die *künstliche Akzessorietät* an. Sie schafft durch die Verknüpfung von Forderung und Sicherheit die für die Durchsetzung des Freigabeanspruches notwendige Transparenz unter Nutzung des durch Kreditzurückführung freiwerdenden Potentials. Auf diese Weise entsteht eine rechtlich gesicherte Position des Sicherungsgebers, weil der zum Ausweis gebrachte Wert der überschüssigen Sicherheiten anderweitig verwendet werden kann, zumindest jedoch die Durchsetzung des Herausgabeanspruchs erleichtert wird. Gleichzeitig bleibt eine ausreichende Risikoabsicherung für den Sicherungsnehmer bestehen, ohne daß dieser Gefahr läuft seine Sicherheiten aufgrund einer unzulässigen Übersicherung gänzlich zu verlieren.

Insgesamt bleibt somit festzuhalten, daß die *künstliche Akzessorietät* eine Lösung für die nichtakzessorischen Globalsicherheiten (Zession, Sicherungsübereignung und Eigentumsvorbehalt) hinsichtlich der Übersicherungsproblematik anbietet, die sich von den bisherigen Modellen aus Literatur und Rechtsprechung unterscheidet. In Anbetracht der Tatsache, daß die unterschiedlichen Senate des BGH noch keine einheitliche Linie gefunden haben, welche Anforderungen in Zukunft an die Freigabe von Globalsicherheiten gestellt werden sollen, bleibt abzuwarten, ob die *künstliche Akzessorietät* als sach- und interessengerechte Lösung Eingang in die Überlegungen des BGH findet.

# Literaturverzeichnis


*Aden*, Menno — Dauerschuldverhältnisse und AGB-Klauseln, in: DWiR 1992, S. 353 ff.

*Ashölter*, Antraud — Der Einfluß und die Auswirkungen des AGB-Gesetzes auf die Praxis der Kreditsicherung, Köln 1981

*Bähr*, Gerhard — Akzessorietätsersatz bei der Sicherungszession, in: NJW 1983, S. 1473 ff.

*Basedow*, Jürgen — Kollektiver Rechtsschutz und individuelle Rechte - Die Auswirkungen des Verbandsprozesses auf die Inzidentkontrolle von AGB -, in: AcP 182 (1982), S. 335 ff.

*Baumbach*, Adolf / *Hopt*, Klaus J. — Handelsgesetzbuch, 29. Aufl., München 1995

*Bechthold*, Rainer — Unwirksamkeit der Tagespreisklausel in Kfz-Kaufverträgen?, in: BB 1983, S. 539 ff.

*Beck*, Heinz — Kreditwesengesetz, Loseblattkommentar, 19. Ergänzungslieferung, Wiesbaden 1982

*Bette*, Klaus — Vertraglicher Abtretungsausschluß im deutschen und grenzüberschreitenden Geschäftsverkehr, in: WM 1994, S. 1909 ff.

*Beuthien*, Volker — Verlängerter Eigentumsvorbehalt und Globalabtretung, in: BB 1971, S. 375 ff.

*Bruchner*, Helmut / *Bunte*, Hermann-Josef — Aktuelle AGB-rechtliche Fragen im Bankgeschäft, Frankfurt am Main 1989

*Bruchner*, Helmut — Recht und Praxis der Sicherheitenbewertung und -freigabe, in: Sicherheitenfreigabe und Unter-nehmenssanierung - aktuelle Rechtsfragen; Schriftenreihe der Bankrechtlichen Vereinigung, Band 6, S. 35 ff., Berlin 1995

*Bruchner*, Helmut — Anmerkung zur Entscheidung des BGH vom 28.4.1994 - IX ZR 248/93, Hamm, WM 1994, S. 1161, in: WuB I F 3.-2.94

*Bülow*, Peter — Recht der Kreditsicherheiten, 3. Aufl., Heidelberg 1993

*Bülow*, Peter — Globalabtretung und Freigabe, in: ZBB 1990, S. 29 ff.

*Bunte*, Hermann-Josef — Rückabwicklung sittenwidriger Ratenkreditverträge, in: NJW 1983, S. 2674 ff.

*Bunte*, Hermann-Josef — Ergänzende Vertragsauslegung bei Unwirksamkeit von AGB-Klauseln, in: NJW 1984, S. 1145 ff.

*Bunte*, Hermann-Josef — Anmerkung zur Entscheidung des BGH vom 29.11.1989 - VIII ZR 228/88, Hamm, WM 1990, S. 51, in: WuB I F 4.-3.90

*Canaris,* Claus-Wilhelm — Bankvertragsrecht, 2. Aufl., Berlin, New York 1981

*Depping,* Bernd; *Nikolaus,* Frank — Das rechtsgeschäftliche Abtretungsverbot auf dem Prüfstand ökonomischer Analyse des Rechts, in: DB 1994, S. 1199 ff.

*Derleder,* Peter — Sicherungsübereignung und Wertausschöpfung, in: BB 1969, S. 725 ff.

*Erman,* Walter — Handkommentar zum Bürgerlichen Gesetzbuch, 2. Band, 9. Aufl., Münster 1993 (zitiert: Erman-Bearbeiter)

*Flume,* Werner — Allgemeiner Teil des Bürgerlichen Rechts, Zweiter Band, 3. Aufl., Heidelberg, New York 1979

*Flume,* Werner — Der verlängerte und erweiterte Eigentumsvorbehalt, in: NJW 1950, S. 841 ff.

*Früh,* Andreas — Zur Notwendigkeit von Freigabeklauseln in vorformulierten Sicherheitenverträgen, in: DB 1994, S. 1860 ff.

*Ganter,* Hans Gerhard — Die nachträgliche Übersicherung eines Kredites, in: ZIP 1994, S. 257 ff.

*Gaul,* Hans-Friedhelm — Lex commissioria und Sicherungsübereignung - zugleich ein Beitrag zum sogenannten Innenverhältnis bei der Sicherungsübereignung, in: AcP 168 (1968), S. 351 ff.

*Göbel,* Jürgen — Übersicherung und Freigabeklauseln in vorformulierten Kreditsicherungsverträgen, Berlin 1993

*Gößmann / Wagner-Wieduwilt / Weber* — Allgemeine Geschäftsbedingungen der Banken, Kommentar, Köln 1993

*Gößmann,* Wolfgang — Anmerkung zur Entscheidung des LG Hannover vom 12.12. 1989 - 15 O 322/89, WM 1991, S. 68, in: WuB I F 4.-7.91

*Hager,* Johannes — Die gesetzeskonforme Aufrechterhaltung übermäßiger Vertragspflichten - BGHZ 89, 316 und 90, 69, in: JuS 1985, S. 264 ff.

*Hensen,* Horst-Diether — Anmerkung zur Entscheidung des OLG Frankfurt vom 18.6.1986 - 9 U 89/85, WM 1987, S. 131, in: EWiR § 9 AGBG 4/87, S. 205 f.

*Hoeren,* Thomas — Die neuen AGB-Banken, in: NJW 1992, S. 3263 ff.

*Hoyingen-Huene,* Gerrick von — Die Inhaltskontrolle nach § 9 AGB-Gesetz, Heidelberg 1991

*Jauernig,* Othmar — Zur Akzessorietät bei der Sicherungsübertragung, in: NJW 1982, S. 268 ff.

*Jarass,* Hans D. / *Pieroth,* Bodo — Grundgesetz für die Bundesrepublik Deutschland, Kommentar, 3. Aufl., München 1995

*Kilger,* Joachim / *Schmidt,* Karsten — Konkursordnung mit Gesamtvollstreckungsordnung, 16. Aufl., München 1993

*Kölner Kommentar* — zum Aktiengesetz, Band 4, 2. Aufl., Köln, Berlin, Bonn, München 1991 (zitiert: Kölner Komm. AktG-Bearbeiter)

*Kohte,* Wolfhard — Die vorformulierte Abtretung von Arbeitsentgelt und Sozialleistungen, in: ZIP 1988, S. 1225 ff.

*Kümpel,* Siegfried — Bank- und Kapitalmarktrecht, Köln 1995

*Künzl,* Reinhard — Sicherungsübereignung und Allgemeine Geschäftsbedingungen, in: BB 1985, S. 1884 ff.

*Kuhn,* Georg / *Uhlenbruck,* Wilhelm — Konkursordnung - Kommentar, 11. Aufl., München 1994

*Lambsdorff,* Hans Georg Graf — Die Übersicherung des Eigentumsvorbehaltskäufer und die Funktion der Freigabeklauseln, in: ZIP 1986, S. 1524 ff.

*Larenz,* Karl — Allgemeiner Teil des deutschen Bürgerlichen Rechts, 7. Aufl., München 1989

*Lauer,* Jörg — Freigabeklauseln und Deckungsgrenze bei variablen Kreditsicherheiten, in: ZBB 1992, S. 310 ff.

*Lecheler,* Helmut — Vertrauensschutz für „Altverträge" bei Unwirksamkeitserklärung von AGB-Klauseln, in: WM 1994, S. 2049 ff.

*Löwe,* Walter / *Westphalen,* Friedrich Graf von / *Trinkner,* Reinhold — Großkommentar zum AGB-Gesetz, Band III, 2. Aufl., Heidelberg 1985

*Lwowski,* Hans-Jürgen / *Gößmann,* Wolfgang — Kreditsicherheiten, 7. Aufl., Hamburg 1990

*Medicus,* Dieter — Bürgerliches Recht, 16. Aufl., München 1993

*Medicus,* Dieter — Durchblick: Die Akzessorietät im Zivilrecht, in: JuS 1971, S. 497 ff.

*Merkel,* Helmut — Anmerkung zur Entscheidung des OLG Düsseldorf vom 25.3.1993 - 6 U 219/92, WM 1993, S. 784, in: WuB I F 5.-2.93

*Münchener Kommentar* — zum Bürgerlichen Gesetzbuch,
- Band 1: Allgemeiner Teil (§§ 1-240), AGB-Gesetz, 3. Aufl., München 1993;
- Band 2: Schuldrecht, Allgemeiner Teil (§§241-432), 3. Aufl., München 1994;
- Band 4: Sachenrecht (§§ 854-1296), Wohnungseigentumsgesetz, Erbbaurechtsverordnung, 2. Aufl., München 1986

(zitiert: MüKo-Bearbeiter)

*Neuhof,* Rudolf — 16 Jahre Kreditsicherheiten Makulartur?, in: NJW 1993, S. 2840 ff.

*Neuhof,* Rudolf — „Aktuelle Rechtsfragen der Sicherheitenfreigabe" und „ Die Rolle der Kreditinstitute bei der Sanierung von Unternehmen" - Bericht über die Vortrags- und Diskussionsveranstaltung der Bankrechtlichen Vereinigung am 24. Juni 1994 in Schwerin, in: WM 1994, S. 1705 ff.

*Neuhof,* Rudolf — Rechtsprechung zur Freigabe von Sicherheiten am Scheideweg, in: NJW 1995, S. 1068 ff.

*Nielsen,* Jens — Sicherungsverträge der Import- und Exportfinanzierung im Lichte der aktuellen Rechtsprechung zur Deckungsgrenze und zur Sicherheitenfreigabe, Teil I, in: WM 1994, S. 2221 ff.

*Nobbe,* Gerd — Neue höchstrichterliche Rechtsprechung zum Bankrecht, 5. Aufl., Köln 1993

*Nobbe,* Gerd — Anmerkung zur Entscheidung des OLG Stuttgart vom 26.5.1993 - 9 U 29/93, in: EWiR § 9 AGBG 21/93, S. 837 f.

*Nobbe,* Gerd — Anmerkung zur Entscheidung des BGH vom 10.5.1994 - XI ZR 65/93, Düsseldorf, WM 1994, S. 1283, in: WuB I F 4.-5.94

*Palandt,* Otto — Kommentar zum Bürgerlichen Gesetzbuch, 54. Aufl., München 1995 (zitiert: Palandt-Bearbeiter)

*Pfeiffer,* Thomas — Anmerkung zu den Entscheidungen des OLG Karlsruhe vom 23.10.1992 - 10 U 50/92, WM 1993, S. 942; des LG Bielefeld vom 14.1.1993- 6 O 251/92, WM 1993, S. 988; des LG Bielefeld vom 5.11.1992 - 21 O 266/92, WM 1993, S. 1084, in: WuB I F 4.-4.93

*Pick,* Eckhart — Einwendungen bei dem gegenseitigen Vertrag nach Abtretung der Forderung, in: AcP 172 (1972), S. 39 ff.

*Pottschmidt,* Günter / *Rohr,* Ulrich — Kreditsicherungsrecht, 4. Aufl., München 1992

*Reischauer,* Friedrich / *Kleinhans,* Joachim — Kreditwesengesetz, Loseblattkommentar, I. Band, Bonn 1993

*Rellermeyer,* Klaus — Objektive Bezugsgrößen für die Bewertung von Kreditsicherheiten, Teil I, in: WM 1994, S. 1009 ff.

*Rellermeyer,* Klaus — Objektive Bezugsgrößen für die Bewertung von Kreditsicherheiten, Teil II, in: WM 1994, S. 1053 ff.

*Schmidt,* Karsten — Zur Akzessorietätsdiskussion bei Sicherungsübereignung und Sicherungsabtretung, in: Festschrift für Rolf Serick zum 70. Geburtstag, S. 329 ff., Heidelberg 1992

*Scholz,* Franz Josef — Unangemessene Lohnabtretungsklausel im Formularvertrag über finanzierten Abzahlungskauf, in: BB 1987, S. 1139 ff.

*Scholz,* Franz Josef — Die Lohnabtretung als Sicherungsmittel im Konsumentenkredit - zugleich eine Anmerkung zu BGH vom 22.6.1989 in MDR 1989, 88, in: MDR 1990, S. 193 ff.

*Scholz,* Hellmut / *Lwowski,* Hans-Jürgen — Das Recht der Kreditsicherung, 6. Aufl., Berlin 1986

*Scholz,* Hellmut / *Lwowski,* Hans-Jürgen — Das Recht der Kreditsicherung, 7. Aufl., Berlin 1994

*Serick,* Rolf — Eigentumsvorbehalt und Sicherungsübertragung,
- Band II: Die einfache Sicherungsübertragung - Erster Teil, 2. Aufl., Heidelberg 1986;
- Band III: Die einfache Sicherungsübertragung Zweiter Teil, Heidelberg 1970

*Serick,* Rolf — Anmerkung zur Entscheidung des BGH vom 30.10.1990 - IX ZR 9/90, ZIP 1990, S. 1541, in: EWiR § 930 BGB 1/91, S. 147 f.

*Serick,* Rolf — Anmerkung zur Entscheidung des BGH vom 13.1.1994 - IX ZR 79/93, ZIP 1994, S. 305, in: EWiR § 9 AGBG 5/94, S. 209 f.

*Serick,* Rolf — Nachträgliche Übersicherung eines Kredites-Freigabeklauseln und das Warten auf den Spruch des Großen Senats für Zivilsachen, in: ZIP 1995, S. 789 ff.

*Soergel* — Bürgerliches Gesetzbuch, Band 2: Schuldrecht I (§§ 241-432), 12. Aufl., Stuttgart 1990 (zitiert: Soergel/Bearbeiter)

*Sonnenhol,* Jürgen — Die neuen Allgemeinen Geschäftsbedingungen der Banken, Teil I (Nr. 1-10), in: WM 1993, S. 677 ff.

*Sonnenschein,* Jürgen — Formularmietverträge im Anwendungsbereich des AGB-Gesetzes, in: NJW 1980, S. 1489 ff.

*Staudinger,* Julius von — Kommentar zum Bürgerlichen Gesetzbuch, Drittes Buch, Sachenrecht §§ 903-931, Anhang zu §§ 929-931, §§ 932-936, 12.Aufl., Berlin 1989 (zitiert: Staudinger-Bearbeiter)

*Ulmer,* Peter / *Brandner,* Hans Erich / *Hensen,* Horst-Diether — AGB-Gesetz, Kommentar, 7. Aufl., Köln 1993

*Wagner,* Eberhard — Neue Rechtslage bei vertraglichen Abtretungsverboten im kaufmännischen Geschäftsverkehr, in: WM 1994, S. 2093 ff.

*Weber,* Hansjörg — Anmerkung zur Entscheidung des BGH vom 29.11.1989 - VIII ZR 228/88, Hamm, JZ 1990, S. 490 ff., in: JZ 1990, S. 493 ff.

*Weber,* Hansjörg — Anmerkung zur Entscheidung des BGH vom 6.12.1990 - VII ZR 334/89, ZIP 1991, S. 152, in: EWiR § 138 BGB 2/91, S. 227 f.

*Weber,* Hansjörg — Die Rechtsprechung des Bundesgerichtshofs zu Freigabeklauseln bei Kreditsicherheiten, in: WM 1994, S. 1549 ff.

*Werhahn,* Jürgen W. — Anmerkung zur Entscheidung des OLG Köln vom 17.5.1989 - 24 U 275/88, ZIP 1989, S. 1319, in: EWiR § 9 AGBG 20/89, S. 1049 f.

*Westermann,* Harm Peter — Fortschritte durch die neuen AGB der Banken und Sparkassen?, in: WM 1993, S. 1865 ff.

*Westphalen,* Friedrich Graf von — Klauseln des verlängerten und erweiterten Eigentumsvorbehalts - § 9 AGBG: Inhalt und Grenzen (I), in: DB 1985, S. 425 ff.

*Wolf,* Manfred; *Horn,* Norbert; *Lindacher,* Walter F. — AGB-Gesetz, Kommentar, 3. Aufl., München 1994

*Wolf,* Manfred — Inhaltskontrolle von Sicherungsverträgen, in: Festschrift für Fritz Baur, S. 147 ff., Tübingen 1981

*Wolf,* Manfred — Anmerkung zur Entscheidung des BGH vom 29.11.1989 - VIII ZR 228/88, ZIP 1990, S. 25, in: EWiR § 9 AGBG 5/90, S. 215 f.